JN297113

# 世界の潮流はこうなる

## 激震！ 中国の野望と民主党の最期

大川隆法
RYUHO OKAWA

孔子（B.C.552〜479）

ヘンリー・キッシンジャー（1923〜）

# まえがき

本書は、今後の世界の潮流がどうなるかを、中国側からの眼《め》とアメリカ側からの眼を通して語りおろした作品である。

二千五百年前の聖人《せいじん》・孔子《こうし》と、現代アメリカの外交戦略家・キッシンジャー博士（守護霊《しゅごれい》）の慧眼《けいがん》に、中国―日本―アメリカの三国の今後の予測とあるべき姿はどのように見えているのか。この結論を知ることが、今後の日本と世界の運命の鍵を握ることになるだろう。

本書をご一読頂かないと、「マスコミ人」としても廃業《はいぎょう》の危機が来るであろうし、「政治家」としてもプロであり続けることはできないであろう。単なる「政治屋《せいじや》」などもういらない時代なのだ。今こそ「正しい国家戦略」を樹《う》ち立てるべき時である。

二〇一〇年　八月二十四日

幸福実現党創立者兼党名誉総裁《こうふくじつげんとうそうりつしゃけんとうめいよそうさい》　大川隆法《おおかわりゅうほう》

# 世界の潮流はこうなる　目次

まえがき　1

# 第1章　孔子《こうし》の霊言《れいげん》――政治編

二〇一〇年八月十九日　孔子の霊示

## 第2章　キッシンジャー博士の守護霊《しゅごれい》予言

二〇一〇年八月十九日　キッシンジャー博士守護霊の霊示

## 5 中国の狙《ねら》いとアメリカの計算、そして、日本がとるべき外交政策とは 139

本書は、孔子とキッシンジャー博士守護霊の「霊言」をまとめたものである。

人間の魂は六人のグループからなり、あの世に残っている「魂の兄弟」の一人が守護霊を務めている。守護霊の考え方は、地上に出ている本人とそっくりであり、「守護霊の霊言」とは、いわば、本人の潜在意識にアクセスしたものと考えてよい。

なお、霊言に当たっては、古代霊や外国人霊の場合、言語中枢から必要な言葉を選び出し、日本語で語ることも可能である。

# 第1章 孔子《こうし》の霊言《れいげん》――政治編

二〇一〇年八月十九日　孔子の霊示

孔子《こうし》（紀元前五五二〜同四七九）

中国古代の春秋時代の思想家で、儒教《じゅきょう》の祖。人間完成の道と理想国家論を説いた。その言行などを弟子《でし》が記したものが『論語』である。人霊としての最高霊域《れいいき》である九次元の存在。

質問者

立木秀学《ついきしゅうがく》（幸福実現党党首）

小島一郎《こじまいちろう》（幸福実現党幹事長代理）

［役職は収録時点のもの］

## 1　儒教《じゅきょう》の開祖・孔子に「理想の政治」を問う

大川隆法　「孔子の霊言《れいげん》」（『大川隆法霊言全集第15巻』〔宗教法人幸福の科学刊〕に収録）は、〝大昔〟（一九八六年一月）にも録《と》った記憶《きおく》があるのですが、もう二十五年ぐらいたっていると思うので、新たに録ってもよいと考えています。

孔子は、一時期、司法大臣になったこともありますが、理想の政治の実現を目指して、一生、諸国を遊説《ゆうぜい》して回り、政治のあり方を説いていたのではないかと思います。そういう人の教えが、『論語』になり、儒教《じゅきょう》となって、ほとんど宗教的なものとして遺《のこ》っているのです。

今、幸福の科学は、宗教法人であるにもかかわらず、幸福実現党という宗教政党をつくっていますが、「それは正しいのか、正しくないのか」というようなことが、現代の日本人からの一つの攻撃《こうげき》ポイントになっていると思います。

これについて、孔子は、どのようにお考えになるでしょうか。おそらく、今の日本人の一般的《いっぱんてき》な考え方とは違《ちが》って、「宗教が政治のほうも正さなくてはいけない」という考えをお持ちなのではないかと推定いたします。

そのへんを、上手にお訊《き》きすることができればと思います。

ただ、孔子は、現在、あの世では、宇宙人の問題にもかかわっていて（『「宇宙の法」入門』〔大川隆法著、幸福の科学出版刊〕参照）、リエント・アール・クラウド〔注1〕と似たような仕事をしているらしいので、そちらに話を持っていかれないように、気をつけなくてはいけないと思います。

質問者は、できるだけ政治関係の話になるように努力してみてください。では、始めます。日本語で会話ができると思うので、安心してください。実績があるので、大丈夫《だいじょうぶ》です。

（一回、深呼吸をする。約五秒間の沈黙《ちんもく》）

孔子、孔子、九次元霊、孔子の霊よ。
どうか、幸福の科学と幸福実現党の理想政治実現運動に関し、われらを指導したまえ。われらの、あるべき姿、向かうべき方途《ほうと》について、お教えください。
また、われらに対し、もし「かく戦え」ということがありましたら、それも併《あわ》せてお教えください。

孔子、孔子、孔子の霊よ。孔子、孔子、孔子の霊よ。
どうか、われらのために、お力をお貸しください。

（約四十秒間の沈黙）

孔子　孔子です。

［注1］リエント・アール・クラウドは、紀元前五〇〇〇年頃《ごろ》に活躍《かつやく》した、古代インカの王であり、当時の人々に心の世界の神秘を説いた。地球の至高神「エル・カンターレ」の分身の一人であり、現在、宇宙人の「地球への移住」に関して全権を握《にぎ》っている。

## 2　民主主義の問題点とマスコミの実態

### 理想がなければ民主主義は機能しえない

立木　本日は、遥《はる》かなる霊天上界《れいてんじょうかい》より、ご降臨を賜《たまわ》り、まことにありがとうございます。また、幸福の科学の草創期より、要所要所にて、ご指導いただきましたことを、心より感謝申し上げます。

儒教《じゅきょう》の開祖であられる方に直接お会いさせていただけますことを、心より光栄に存じております。ありがとうございます。

孔子　うん。

立木　私は、幸福実現党の党首を務めさせていただいております、立木秀学《ついきしゅうがく》と申します。どうぞよろしくお願いいたします。

孔子　分かりました。

立木　私たちは、この地上を、理想の仏国土《ぶっこくど》、ユートピアにしてまいりたいと考えております。そして、社会というものは、一人ひとりの魂が向上していく場であるべきだとも思っております。その意味で、宗教が世の中の中心にならなければならないと考えております。

そのために、今、私たちは、「宗教立国」、つまり、新しいかたちでの祭政一致《さいせいいっち》というものを実現するために、活動を展開しております。これは、民主主義政治のなかにおいて、徳治主義の政治を実現していく運動でもあろうかと思います。

そうした私たちに対しまして、必要な考え方や改善点等がございましたら、お教えいただければと存じます。

よろしくお願いいたします。

孔子　まあ、今の政治には、「民主主義」という言葉で呼ぶのが正しいのかどうか、分かりかねるところがあると思う。どちらかといえば、「民衆主義」であろうし、「大衆主義」であろうし、「大衆迎合《げいごう》主義」でもあろうかと思うね。

理想というものがなくて、むしろ、大衆が飢《う》えているものを、まるで動物園の動物に餌《えさ》でもやるように、投げ与《あた》えることが政治となっているように思われる。そこには快楽と単なる生存以上のものがあるとは思えない。

もちろん、大衆の声を聴《き》き、人々を幸福にすることは、大事なことではあるけれども、人間として生まれて動物的生存にとどまっては相成《あいな》らないと考えます。

やはり、「向かうべき理想というもの、向かうべき理想の政治がなければ、民主主義なるものは機能しえない」というのが私の考え方です。

「多数が欲《ほっ》するものを与えればよい」ということであれば、「政治の原理」と、経済における「商売の原理」とが変わらないことになる。政治というものは、もう少し神聖なものであり、天帝《てんてい》、神の代理として、この地上を治めるものでなければ、人の心の平安、そして安らぎを実現することはできないであろう。あとは、あなたの訊《き》きたいことについて、私に理解できる範囲《はんい》でお答えしますが、地上から離《はな》れて時間がたっているので、あまり具体的すぎることについては語れないかもしれない。その点は了承《りょうしょう》願いたいと思います。

## 「理想の政治を求める運動」を続けることが、大きな影響《えいきょう》を与《あた》える

立木　今、民主主義の問題点を、ご指摘《してき》いただきました。

私たちは、政治のあるべき姿、理想というものを掲《かか》げ、それを国民のみなさまに提示して、これまで選挙を戦ってまいりましたが、多くの方のご支持、ご賛同を得るという状態には、まだ至っておりません。

ただ、今の投票型の民主主義のなかで、理想を理解していただくには、私た

ちの伝道力、説得力が問題であるということも、当然、あろうかと思います。そのへんにつきまして、私たちに何か足りないところがございましたら、ご指摘いただければと思います。

孔子　私は、あなたがた幸福実現党の政治運動を、実に大切なものだと考えている。今の世論《せろん》がどうであれ、やはり大事なことだと思う。

私自身が地上の人間として生きていたときには、中国は、いろいろな国に分かれていた。私は、「どの国なら、私の考え方、すなわち、政治システム、政治の理想や目標、政策を採用してくれるか」と考え、そういう国を求めて諸国を遍歴《へんれき》した。そうしているうちに、「孔門《こうもん》の徒《と》」として三千人の弟子《でし》ができたと言われてはいる。

生前の私は、はっきり言えば、宗教家というより、哲人《てつじん》政治家、あるいは理想の君主、君子の「あるべき姿」を目指していたのかと思う。

しかし、人間として生きている間は、それが実現できたとは言いかねる状態だった。それについては、歴史書を読めば分かるので、あなたがたもご存じであろう。

ただ、そうした理想の政治を求める運動を一生やり続けたことが、やはり、その後、二千五百年間、中国、あるいは日本という国に大きな影響《えいきょう》を与《あた》えたと思う。

例えば、日本の徳川幕府では、幕藩《ばくはん》体制の下《もと》で、儒教を中心にした政治を行った。三百年近い徳川幕府の中心軸《じく》は儒教だったと思うけれども、私が世を去って二千年近くたっても、まだ、政治の原理、主柱《しゅちゅう》として、儒教を立て、実際に三百年近い政治が行われた。

日本の歴史のなかで、それが行われたということは、私の言っていたことが虚《むな》しいものではなかったことを意味していると思われる。

また、私の流れのなかからは、陽明学という、行動を重視する政治理論も出てきているので、行動を重視する孔門の徒が、悪政、あるいは、暴虐《ぼうぎゃく》の限りを尽《つ》くす悪王出現の際には、反乱と言うべきか、攪乱《かくらん》、革命と言うべきか、そういうものを起こし、政治を入れ替《か》え、新しくしようと努力してきたと思う。

民主主義的な政権交代風のものではなかったかもしれないが、そういう考えがあること自体は大事なことだと思う。

今の中国では天変地異が続いている。各地で地震《じしん》や洪水《こうずい》等が続いており、反乱が全国で毎年のように起きている。

中国人の心性《しんせい》のなかには、「この世が乱れるときには、政治が天の心に適《かな》っていない」という考えがあるし、それを中心的に言ったのは私であろうとは思うが、その儒教の精神そのものは、まだ生き残っていると思うね。

今、そういう意味でのぶつかり合いが起きつつあるように思われる。

## 神や仏の心を無視した学問には「徳性」がない

理想の政治が行われていれば、もちろん、そのなかで民《たみ》は安らかに暮らしていけばよいわけだし、老荘《ろうそう》思想風ではあるが、政治については何の憂《うれ》いもなく、自分の職業に打ち込《こ》んでいればよいことになる。そういう政治をするのが理想は理想でしょうな。

老荘思想は、そういう考えであり、「政治のことなど考えたこともない。自分の職業、農業なら農業に打ち込んでいて、毎日、楽しく暮らしていければ、それでよい」という状態を理想とするわけだね。

ところが、今の日本では、政治の問題について、「誰《だれ》を首相にするか」ということから始まって、「誰を党首にするか」ということや、党首の日々の発言などがよく話題になり、さらには、各種のスキャンダルなど、ゴシップネタ的なものに関する議論も国民の隅々《すみずみ》にまではびこっている。

それには、週刊誌その他のマスコミもかかわっているけれども、そういうもので国民を煩《わずら》わせているところがあるように思うね。

これは、やはり、「政治をなす者に徳がない」ということに尽きると私には思える。

徳がない理由は何かというと、政治をなす人には、この世的には経歴のよい人も多いのであろうとは推測するが、おそらく、科学的学問を目指しすぎたために、学問のなかに徳性がないのだろうと思われる。

自然科学は、それでもよいかもしれないが、政治などの社会科学的なものについても同じように考えていて、神仏《かみほとけ》の心、あるいは徳というものを無視した、この世的な分析《ぶんせき》が主流になっていると思うね。

## マスコミは「建てては壊《こわ》す」を繰《く》り返す〝解体業者〟

特に、今、天意が、ある意味で、各種マスコミの世論調査での支持率で計られているようなところがあると思うけれども、あまり優《すぐ》れたやり方とは思えないし、それが正しいものであるかどうかも分からないと私は思う。

現実には、「新聞社なら新聞社、テレビ局ならテレビ局の考え方に反する統計結果が出た場合には、それを使わず、自分たちに都合のよい結果が出た場合には、それを使う」ということが、なされているのではないかと思われるし、調査方法においても、誘導的な質問で一定の結果を引き出していくことが、あらかじめ計算できているように思われる。

したがって、「ある意味で、マスコミを中心にした愚民《ぐみん》政策が行われている」と言えるかもしれない。

マスコミは、「強大な権力を批判する」という機能は果たしているとは思うのだけれども、強大な権力は、現実には、もう存在していない。壊《こわ》すべきものがもうないのだ。壊すべきものがないのに、それを壊さなければならない仕事というのは、実に難しいものだな。

政治、あるいは政権というものを、一つの建物に例えるとするならば、マスコミは解体業者だ。

だから、建物を解体し尽くしたら、あとは仕事がなくなってしまう。そのため、常に、「建てては壊し、建てては壊し」を繰《く》り返すことになる。壊すことが仕事なので、壊してしまったら、また次のものを建てて壊す。これを繰り返している。

ただ、これが、人々の「徳を求める心」「理想の政治を求める心」に、はたして適っているかどうか。これには疑問がある。

私は、やはり、「政治の理想は、北極星のごとく、人々の心が向かうべき方《ほう》途《と》を指し示すものでなければならない」と思うし、どのような派閥力学《はばつりきがく》によって選ばれるかは知らないけれども、やはり、人々に徳をもって接することのできる人が上に立つべきだと思う。

おそらく、そういう人が上に立った場合、マスコミのほうには、書くべきものがあまりなくなってくるので、要するに、「解体業者としては食べていけない」ということになるのだろうと思う。

ただ、それでは、「機能不全が起きている」ということだな。

まあ、言ってみれば、マスコミを医者に見立てると、「体が不調で入院した人について、まずは解剖《かいぼう》して全部を調べてみる」というようなかたちかな？「患者《かんじゃ》は、解剖され、バラバラにされていくため、病気を治すよりも死んでしまうほうが早い」というのが実態であろうと思う。

そういう意味では、政治に、もっとショーマンシップ的なものがなければ、これだけ多くのマスコミを食べさせていくことができない状況《じょうきょう》になっているわけだね。

こういうことで本当によいのかどうか。そういうことをするぐらいであれば、古代ローマのコロッセウムのように、剣闘士《けんとうし》同士の戦いや、ライオン対剣闘士の戦い、あるいは、スペインの闘牛のようなものでもやって、そちらのほうで楽しんでいるほうが、むしろ、まだ健全かもしれないね。

政治は政治で、やはり、きちんと機能しなければ、正しいことではないと、私は考えます。

## 3　日本を「理想の国」にしていくためには

### 幸福実現党に見る「智《ち》」「仁《じん》」「勇《ゆう》」

立木　ただいま、「マスコミを中心とする愚民《ぐみん》政策などによって、政治が機能不全に陥《おちい》っている」と、ご指摘《してき》いただきましたけれども、私たちといたしましては、それを乗り越《こ》えていくために、一人ひとりが「徳ある政治家」になっていかなくてはならないと考えております。

この「徳」に関しましては、古来、「智《ち》」「仁《じん》」「勇《ゆう》」ということを教えていただいております。民主主義社会における「徳ある政治家」になっていくための考え方や重要な点を、教えていただければ幸いに存じます。

孔子　はい。

あなたがたについて言うと、まず、「智」の部分であるけれども、世間の人たちには、「宗教をやっている人とか宗教人とかに、政治の専門的なことが分かるはずはない」という先入観がある。

例えば、マスコミや政治家、官僚《かんりょう》等は、政治のプロであるけれども、あなたがたは、政治については、「素人《しろうと》である」と思われている。

それから、「『南無妙法蓮華経《なむみょうほうれんげきょう》』か『南無阿弥陀仏《なむあみだぶつ》』を唱えて布教しているのだろう」という程度の考えしか持っていないな。

世間の人たちは、そのように思っていて、「あの世の話でもしておればよろしい」と考えているだろう。

しかし、この一年余りを見るかぎり、あなたがたの情勢分析《ぶんせき》や政治的な提言は、ことごとく当たっていると私は思う。だから、ある意味で、一部の、心ある政治家や心あるマスコミ人にとっては、北極星になりつつあるとは思う。

したがって、「智」の部分については、まだまだ、今後とも十分に力を発揮していく余地があるだろうね。

「仁」の部分は、どうであるか。

宗教的なるものを持っていること自体が、「仁」の心につながっていくと思う。これは、あなたがたの教えのなかに、もうすでに入っているものであるから、そうした宗教修行を、ある程度、積んだ人が、政治家になっていくことによって、この「仁」の政治もまた実現できることになるだろう。

それから、「勇」のところだけれども、これについては、要するに、「書籍《しょせき》などによる知識に偏《かたよ》りすぎた人は、勇気がなくなっていく」と言われてはいる。

ただ、あなたがたは、「勇」の部分でも、昨年来、蛮勇《ばんゆう》を振《ふ》るって、ご活躍《かつやく》であるようには思われる。世間から「歴史的大惨敗《ざんぱい》」と言われつつ、めげずに頑張《がんば》っているので、もう「勇」の部分も十分に証明しつつあると思うね。

これだけ負けると、普通《ふつう》の政治家や政党であれば、「もはや解散やむなし」という状態であろうと思うけれども、それでも立ち向かっていこうとしているのを見れば、あなたがたが、実際に、理想の実現のためにやろうとしているのであって、社会的地位や名声を得るために議席を得ようとしているのではないことが、少しずつ分かってきつつあると思う。

今、選挙において負けることを、それほど悔《く》いる必要はないと思うね。

## 啓蒙《けいもう》活動において「政治と宗教は両輪」である

あなたがたの支持率が、例えば、一パーセント、あるいは、それ以下であるならば、九十九パーセント以上の人々を啓蒙《けいもう》する仕事が、まだ残っているわけだね。

この「啓蒙活動」という意味においては、「政治と宗教は両輪である」と私は思う。

宗教に関心があって、宗教のほうから啓蒙を受ける人もいるだろうけれども、宗教のほうに直接には関心のない人もいて、こういう人を責めることは必ずしもできないと思う。

実業の世界において、ビジネス等で忙《いそが》しく働いている人たちに、宗教への関心を持たせることは、なかなか難しいことでもあるので、そういう人に対しては、やはり、政治活動のほうで啓蒙していくことも、非常に大事だと思うね。

だから、私は、「この国を理想の国にしていくためには、政治と宗教は両輪である」と考える。

もちろん、これに加えて、あなたがたは「教育」もやっているけれども、それは、今、党首であるあなたの任務ではないかもしれない。

しかし、「少なくとも政治と宗教は両輪である」と私は考える。これで負けてはいけない。

## 「政教分離《ぶんり》」は人類普遍《ふへん》の真理ではない

数十年前にできた日本国憲法に、政治と宗教を分ける、「政教分離《ぶんり》」という規定があるので、「宗教は政治活動をしてはいけない」という短絡的《たんらくてき》な思い込《こ》みをする人が多いようである。

しかし、そうであれば、例えば、「『儒教《じゅきょう》の開祖である孔子は間違《まちが》っていた』と、あなたはおっしゃるのですね。孔子は『祭政一致《さいせいいっち》』の理想政治を目指していましたが、それは間違いだとおっしゃるんですね」と言わなくてはならない。

また、哲学《てつがく》の祖はソクラテスだし、彼を題材にして本を書き、哲学の源流になったのはプラトンであろうと思うけれども、プラトンは、やはり民主政に絶望していたのである。

当時、彼の国は、現代の日本にもよく似た衆愚政に陥っていた。当時は裁判も政治の一部であったが、師であるソクラテスを死刑《しけい》にするような民衆の政治に対して、それを「信用しろ」と言うほうが無理であったと思う。

彼は、「民《たみ》の集合想念的意識が正しい」という判断には、とうてい達することはできなかった。彼の考えでは、民主政は、最悪か、それより少し上ぐらいの政治にしかすぎない。

彼が理想としたのは「哲人政治」であったと思うね。

では、そのプラトンが、「哲人王による政治」を目指したということも間違いだと言うのか。

あるいは、中世以降、いろいろなユートピア・モデルを出して、ユートピア運動が起きてきたけれども、これも間違いだと言うのか。

今、政治と宗教が完全に一体化した国家も、確かに、あることはあり、それは理想の国として認められているかというと、そうでもなく、問題があって改善をしなくてはならない面もある。ただ、それが、現在、機能不全に陥っているからといって、そうした考え自体が間違いだとは言えないと私は思う。

歴史から見たら、わずか六十数年前に植えつけられた考えを、人類普遍《ふへん》の真理であると考えるのは早計にすぎる。これとは、やはり、強く戦わなければならない。

先ほども言ったように、日本でも、徳川時代には、精神的バックボーンがなければ長期の平和をつくることができなかったために、儒教というものを、一つ、「国の柱」として立て、それで秩序《ちつじょ》を守り、国を治めたわけだね。

これは今の全体主義的なものとは違うものだ。全体主義的な共産主義や社会主義の国家体制において、彼らは秩序を守っているつもりでいるかもしれないけれども、これは、実は、悪政の、あるいは圧政の合理化にしかすぎない点はあると思う。

しかし、徳川時代であれば、圧政ではなく、やはり、「儒教精神を取り入れた政治をやろうとした」ということが言えるし、それで徳川幕府が何百年も続いた面はあると思うね。

明治維新《いしん》という革命が起きて、西洋の考えが日本に入ってきたけれども、今、西洋諸国も一定の行き詰《づ》まりを迎《むか》えつつあるようには見えるので、やはり、行きすぎた振り子は中道に戻《もど》さねばならないかもしれないね。

## 4　教育者のあり方と宗教政党の必要性

### 教師は聖職者としての立場を取り戻《もど》さなくてはならない

立木　ありがとうございます。

今、ご指摘《してき》いただきましたことは、「誤った考え方をしている人々が多いがゆえに、私たちの正しい意見もなかなか通らない」ということであろうかと思うのですが、そうした人々の意識を正しいものにしていく上では、教育の果たす役割には非常に大きなものがあると思います。

これに関しては、政党としても、政治の世界において、教育政策というかたちで実現していける部分もあろうかと思います。現代における教育政策の「あるべき姿」と、そこから敷衍《ふえん》して、今、非常に進歩している、この世的な学問というものについて、お教えいただければ、ありがたく存じます。

孔子　やはり、学問の唯物性《ゆいぶつせい》が高まっているようには思われますね。

確かに、研究対象が物中心であることも大きいのだろうとは思いますが、今は、人のほうに対しても、物と同じような分析《ぶんせき》に入りつつあります。

しかし、医学は、実は魂《たましい》について何も語ってはいないから、医学で魂を解明することはできない。

また、例えば、経済の原理でいえば、人間というものを、「主体的な意思を持った自由な存在」と考えれば、そもそも経済学そのものが成り立たない。それでは困るので、「合理的人間」という概念《がいねん》をつくり出さなければいけないわけだね。

政治においても、そうした唯物的思考が強くなれば、当然、それが教育に反映されてくるでありましょう。

だから、私は、政治のなかに正しい宗教勢力が入ることは、悪いことではないと思うし、教育に必ずいい影響《えいきょう》が出ると思うね。

「現在の日本では、日教組《にっきょうそ》という労働組合的な教員組合が、かなり政治運動もやって、自分たちの〝低生産性の教育〟を擁護《ようご》しようとしているらしい」ということは聞いているけれども、まあ、恥《は》ずかしい限りではないでしょうか。

私は、理想の政治家を目指してはいたけれども、また同時に、「理想の教育者でもありたい」という願いを持っていた者であり、その私から見ると、それは、やはり恥ずべきことであると思いますね。

「教師は聖職者としての立場を取り戻《もど》さなくてはならない」と考えます。

そして、その根本《こんぽん》になるものは何であるかというと、教育学において、教員になる人に何らかの徳性の涵養《かんよう》をさせることだと思う。学ぶべき徳性がなければ、やはり駄目《だめ》だね。

技術論だけでは駄目で、英語や数学、国語、理科、社会を勉強しただけでは、その徳性なるものは出てこないと思うんですね。

そのへんについては、あなたがたが、やはり、影響力を行使していくことが大事なことだろう。

## 「自由で寛容《かんよう》な宗教」をバックボーンにした宗教政党を

日本国憲法の「政教分離《ぶんり》」の考え方は、実は、日本神道《しんとう》的な国教が他の宗教を弾圧《だんあつ》することを抑止《よくし》するためにつくられたものである。戦前の反省から見れば、それ以外には考えられない。

「国家神道」一本になり、それ以外の宗教が弾圧されて、教祖以下、幹部たちが刑務所《けいむしょ》に入れられていった、あの歴史を見れば、「そういうかたちでの政教一致《いっち》であれば、ほかの宗教が苦しむだろう」ということで、ああいう規定が入ったのだろう。

もっとも、「理想を実現する」という意味においては、宗教のなかにも、悪《あ》しきものがあることは事実であるし、そういうものは、最近、現実に出てきたとは思う。

したがって、宗教のなかで、きちんと、その〝洗濯《せんたく》〟をしなければならない面はあるね。一度、きれいに洗わなければならないところはあると思う。

これは宗教法人幸福の科学としての仕事かもしれない。

ただ、すべての宗教が悪いとは、この教団は言っていないはずである。

ところで、日本では、宗教政党として、一つ、創価学会による公明党というものが、五十年近く、すでに厳然として存在しているね。

そして、その宗教そのものは、自分のところ以外の宗教を、一切《いっさい》、認めず、本来の本山である日蓮正宗《にちれんしょうしゅう》に対しても敵対するような、非常に排他性《はいたせい》の強い宗教である。

そういう「闘争《とうそう》と破壊《はかい》」の宗教がバックボーンになっているため、その闘争と破壊の部分が政治に有効に機能して、公明党は、今、一定の政治勢力を得ているのだろうと思う。

しかし、「現実に、宗教政党が、すでに一党、五十年も存在しているのですから、民主主義的な考え方を是《ぜ》とするのであれば、宗教政党がもう一つぐらいあったほうが、よろしいのではないでしょうか。排他的な宗教をバックボーンに持つ宗教政党に対して、もう一つ、自由で寛容《かんよう》な宗教をバックボーンにした宗教政党があったほうが、国民にとっても、よいのではないでしょうか」ということは、やはり言ってもよいのではないだろうか。

宗教法人幸福の科学は、創価学会に対して厳しい批判をしていたけれども、自民党と公明党が連立して行っている政治そのものが、それ以外の政治よりも有効であった場合には、あなたがたは、少なくとも自民党側への支援《しえん》は惜《お》しまなかったと思われるので、きちんと政治と宗教の原理を使い分けてきたと思う。

それは、やはり、大人の態度であったと私は考えるね。

その意味では、政教一致や宗教政党について、「おかしい」と言われたら、「宗教政党は、すでに一つありますけれども、もう一つぐらい、違《ちが》うものがあったほうが、国民にとって選択肢《せんたくし》が増えますし、他の意見を吸い上げる機能があるのではないでしょうか」と言えばよい。

「国民のなかには、宗教心がなく、唯物論や無信仰、無神論の方もいるかもしれませんけれども、信仰心のある方や、宗教に関心のある方、宗教に深い造《ぞう》詣《けい》のある方もいるわけですから、そういう人たちの意見を吸い上げる機能を持った宗教政党も、あってもよいのではないでしょうか」と言えばよいと思うね。

## 理想を掲《かか》げて政治活動を続けよ

立木　ありがとうございます。

本日いただきました教えを胸に刻み、理想の政治、徳ある政治を目指して、努力・精進《しょうじん》をしてまいります。

それでは、質問者を交替《こうたい》させていただきます。


孔子　まあ、あまり短気にならないようにね。

私は一生をかけて政治運動をしたにもかかわらず、当時においては大した実りは得られなかったけれども、後世においては大きな影響を与《あた》えたのですよ。

あなたがたが政治活動を続けるか、あきらめるか、これは後世に大きな影響を与えます。

あなたがたが続けるかぎり、後世の者たちは、その影響を受け続けます。

しかし、あなたがたが、ただ単に、この世の勝ち負けや損得だけで、政治活動をやめてしまうのであれば、後世の者たちも、そのような考えになっていくでしょう。

もし、あなたがたが、自分たちの生きている時代において、最高の理想政治の実現にまで到達《とうたつ》できなかったとしても、やはり、その理想を掲《かか》げて政治活動を続けることで、後世の人に影響を与えることが大事であると私は考えますね。

ただ、今の若い人たちの時代が来るまでの間に、何ら政治的力を持てないとは、やはり考えられません。

立木　後世の希望となるべく、努力・精進をしてまいります。

孔子　はい。

立木　本当にありがとうございます。

# 5　中国は救わなければならない隣国《りんごく》

小島　本日は、遙《はる》かなる高次元よりご降臨賜《たまわ》りまして、本当に尊い教えをいただきましたことを、心より感謝申し上げます。

孔子　うん。礼儀《れいぎ》正しくてよろしいです。

小島　私は、幸福実現党の幹事長代理をしております、小島と申します。本日は、ご教示賜りますことを、心より感謝申し上げます。

私は、今年に入りまして、中国に二回ほど行かせていただきました。そして、大学生等へ献本《けんぽん》する機会があったのですが、そのときに、中国のみなさんは、今も、あなた様をたいへん尊敬しており、「孔子ブーム」が起きておりました。

中国は唯物論《ゆいぶつろん》国家ですけれども、かの国には、ある意味で、宗教性を若干《じゃっかん》落としながら、王道政治の考え方をしっかりと国に落とし込《こ》んでいかれた「孔子の智慧《ちえ》」というものが、今なお光っていると思います。

そのような智慧というものを、私たち幸福実現党に対して、ご教示賜れればと存じます。

## 儒教《じゅきょう》には「革命思想」が入っている

孔子　最近、中国は儒教《じゅきょう》を解禁しつつある。やはり、「精神性がなければ、世界からは尊敬を受けない」ということに気がついてきたのだろう。

そのため、「中国産で、世界に誇《ほこ》れるものということであれば、儒教であろう」ということで、儒教の解禁に近い状態になろうとはしている。ただ、これも、恐《おそ》る恐るであることは事実だな。

おそらく、儒教の持っている、ある意味での秩序《ちつじょ》感覚のほうだけは利用したいのだろうと思うけれども、一方で、儒教は、一つの「革命思想」も持っている。「君子というものは、やはり、天意によって選ばれてくる」というところだな。

つまり、「天は徳ある君子を生むはずであり、そうした徳ある君子は、また、天帝《てんてい》の意を汲《く》んで政《まつりごと》を行う」という思想が、儒教のなかには入っている。このところが、彼らには引っ掛《か》かってくるだろうね。

## 今、中国の帝国《ていこく》主義が始まろうとしている

まあ、いろいろな方がいろいろなことを言うであろうから、私の意見が必ずしも正しいとは言えないけれども、私は、ある意味で、「中国十三億の民《たみ》も、漂流《ひょうりゅう》せる民、救わなければならない人たちである」と思うんですね。彼らは、理想なき政治のなかで漂《ただよ》っているように思う。

また、中国の政治指導部にいる者たちは、はっきり言って、これからの未来、「国内的には、そうした巨大な人口を養うことで、もう精いっぱいであろう。彼らを食べさせることのみに、汲々《きゅうきゅう》とするであろう」と思われますね。

中国は、そうした国内の逼迫感《ひっぱくかん》から、かつての日本が、外国の領土にあるさまざまな資源を手に入れなければ国を維持《いじ》できなくなり、戦線拡大していった

ように、中国一国では国が維持できず、やはり、他の諸国の権益、資源等を今、狙《ねら》っているように、私の目には見えます。

ですから、弁護的に言えば、「国民を飢《う》えさせないようにしたい」という考えはあるのだろうけれども、今、〝遅《おく》れてきた帝国《ていこく》主義〟が始まろうとしていることは間違《まちが》いない。それが、結果的に善となるか、それとも、「世界悪」となって新たな戦争の引き金になるか、今、その岐路《きろ》に立っているところだね。

## 「国の善悪」を判断するためのポイント

これが「善になるか、悪になるか」ということは、儒教的に言えば、「為政《いせい》者《しゃ》、政治指導者に徳があるかどうか。彼らが君子であるかどうか」を見れば分かるわけですね。

もちろん、過去には、いろいろな国において戦争もあったので、「戦争で戦う者は、両者とも悪人である」と必ずしも断定できないところはあって、善なるものが広がるならば、肯定《こうてい》されるところもあったことは事実です。

だから、そういう善悪の判断は一般的《いっぱんてき》には難しい。しかし、日本では、また、ある意味で、理想なくして、あるいは価値判断なくして、「戦争そのものが悪である」というかたちでの「平和の誓《ちか》い」をやっているようだ。これは、やや積極性に欠けるものがあると思う。

その場合には、何と言うか、「一国平和主義以外は、もう成り立たないであろう」と思うし、「世界に対して、責任は持てないであろう」と考えますね。

もし、中国のような強大な国が、他国を突如《とつじょ》、侵略《しんりゃく》する場合に、その侵略される国を護《まも》ってくれるような国なり、世界的な機構なりが機能しないとしたら、やはり、悪が蔓延《まんえん》する世界になるであろうと思います。

例えば、北朝鮮《きたちょうせん》という国自体は、はっきり言って、中国とは軍事的にも経済的にも結びつきの強い国であろうとは思うが、この国の政治を見たときに、やはり、誰《だれ》が見ても、成功しているとは言えない状態にあると思います。これは、やはり、国民たちを救わなければならない。

## 大きな問題のある国は「もとにある思想」が間違《まちが》っている

北朝鮮の国民は金日成《きんにっせい》の主体《チュチェ》思想によって、洗脳を受けている状態ですね。

先ほど、「日本では、現在、学校教育に宗教が入らないように運動している教員組合がある」というようなことも言いましたが、逆に、そうした全体主義思想が、洗脳教育となって、要するに国全体に及《およ》んでいる場合は、人々が洗脳されてしまい、それ以外の価値判断を許されない状態になるわけです。

その場合、「もとなるもの」が正しければよいけれども、正しくない場合は、おそらく、大きな問題を含むでしょうね。もし、それが正しいものであれば、その国は発展・繁栄《はんえい》し、人々が自由と喜びを享受することができるはずです。しかし、そうなっていないのであれば、やはり、「もとなるもの」に間違《まちが》いがあったのではないかと考えられますね。これは、非常に大きな、地球規模での“癌細胞《がんさいぼう》”であると私は思います。

その意味で、中国は、これから、やや危険な時期に入ると思いますよ。特に、食糧争奪戦《しょくりょうそうだつせん》と資源争奪戦のために、今、軍事力を準備しているように、私の目には見えます。

やはり、中国は、何らかのかたちで考え方を変えねばならないでしょうね。

国内のシステムを考え直さなければいけない時期に来ているように思われます。まずは、自らの手で、富を生み出す人の数をもっと増やさなければ、おそらく、国が豊かにならないでしょうね。

## 日本の政治家が学ぶべき、アメリカの「正義」の観念

中国の指導部がそれをせず、安易に、軍事費用を費《つい》やして軍事拡大し、他国から食糧や資源を盗《ぬす》み取るようなことを考えるようであれば、「そうした政治思想を持っている人が、例えば、日本の戦前の行為を批判したり、責めたりする資格はない」ということを、やはり、はっきりと言えるような政治家でなければ、日本の国は託《たく》せないですね。

中国の軍事的拡張行動を見ておりながら、いまだに謝罪をするような政治家

であれば、残念ながら、「この国を託すには足りない。善悪の観念がない」と言わざるをえないし、結果として、悪の増長に手を貸してしまうということだね。

「今の民主党政権は、そうした悪の増長に手を貸す可能性が極《きわ》めて高い」ということが、去年以降、あなたがたが戦ってきた理由であると思うけれども、現実に、事態はその予想どおりの方向へと進展していると思う。

日本の経済界は、中国との取引額が大きいために、そういうことを言えないでいる。しかし、例えば、同盟国のアメリカは、中国との経済的な取引額は大きいが、「正義の名の下《もと》において許されないものは、軍事的にも許さない」ということは、はっきりしている。

やはり、ここから学ぶべきものは、まだあるように私は思うね。彼らは、未熟かもしれないけれども、「神の正義」とは何かということは追求している。

確かに、戦っている兵士たちが疑問を持つことはあるだろうし、あるいは戦死者が増えることによって、家族からの反対や政治への批判が出て、左翼的《さよくてき》なムードが合衆国内にも蔓延してくることは事実だけれども、ただ、そうした悪を排除《はいじょ》する戦力が、この地上から一切《いっさい》なくなったら、やはり、強いものだけが勝っていく世界になっていくだろう。

アメリカにおいては、軍事侵攻《しんこう》するにしても、国民からの一定の支持は必要だし、マスコミもまだ機能はしている。また、諸外国の意見も聞く耳は持っているから、はっきり言って、全体主義国家ではない。

しかし、中国は、まだ全体主義国家だし、北朝鮮も全体主義国家です。だから、彼らの軍事拡大は、そうした多様な意見が反映され、議論されて、決められているわけではないと思います。

中国は、これから危険な国になります。ただ、将来的には、多様な意見が反映されるような政治の機能も必要だと思います。

やはり、「政治的にも宗教的にも、救わなければならない隣国《りんごく》である」と考えていただきたいですね。

小島　ありがとうございます。

## 6　日本の繁栄《はんえい》が世界を救う

小島　今、中国は、覇権《はけん》主義を展開しており、東アジア諸国に対しても、軍備を増強しつつあります。

一方で、中国は、日本に仏教を伝えてくださった国であり、そもそも、アジアを豊かにしてきた歴史を持つ国でもあります。

私たちとしましては、中国の覇権主義に対しては毅然《きぜん》とした態度で臨《のぞ》みつつ、また、恩を返していくという観点からは、「中国の民主化を果たし、やがては共に手を携《たずさ》えていく」という理想もあろうかと思います。

それらの点につきましてアドバイス等がございましたら、お教えいただければと思います。

## 中国が変化する可能性と、〝中華《ちゅうか》思想〟という名の野心

孔子　今、中国とは、経済交流が盛《さか》んになった反面、向こうも、ある程度、日本の文化を反映しており、それを見ているところもあるので、影響《えいきょう》はじわじわと出てきているとは思う。

それに、中国からは、観光客や旅行客も、そうとう来はじめているので、少しずつ、価値観が変わりつつあるのではないでしょうか。

いずれ、中国で日本の文物《ぶんぶつ》を学ぶ気運が高まれば、当然、日本の指導的原理を学びはじめるでしょうから、やはり、幸福の科学の思想等が、彼らのベーシ

ック（基本的）な教科書になっていく可能性は極《きわ》めて高いと思います。

ただ、まだ上層部が、やはり、独裁的に軍を使って国民を押《お》さえ込《こ》んでいる状態ですのでね。

今、中国では、もう反乱の連続です。十万人ぐらいまでの規模の反乱なら、簡単に押さえられるのですけれども、百万人ぐらいの規模になると、軍隊を用いての、大規模な押さえ込みになってくるので、諸外国から全部見られてしまうというのが、彼らの苦しいところですね。そのため、そうした大きな勢力になるようなものを排除《はいじょ》しようとして、監視《かんし》を続けております。

ですから、宗教的な伝道活動等も、一定の規模になれば、非常に警戒《けいかい》されるであろうということは間違《まちが》いないね。

やはり、今の中国の軍部や政治指導部の野心のままに行けば、領土の拡張に入るのは、ほぼ確実です。

彼らは、台湾《たいわん》の繁栄《はんえい》も手に入れたいし、韓国《かんこく》の繁栄も手に入れたいし、日本の繁栄も手に入れたい。さらに、東南アジアも手に入れたいし、実は、オーストラリアまで手に入れたいのです。彼らの考えには、ここまで入っています。

ですから、これは、ある意味で、日本の大東亜共栄圏《だいとうあきょうえいけん》と変わらない、別な意味での〝中華《ちゅうか》思想〟であると思います。

## 幸福の科学グループの活躍《かつやく》は、核《かく》兵器以上の抑止力《よくしりょく》となる

やはり、このような、他国の不幸の下《もと》に自らが幸福になろうとする考え方に対しては、批判するのが平和勢力なのです。それを、被虐的《ひぎゃくてき》というか、自虐《じぎゃく》的《てき》に受け入れるのが平和勢力ではないということを、知らなくてはなりません。

広島・長崎《ながさき》の、核《かく》に対する平和祈念《きねん》の式典において、「軍の独走によって、二度とこういうことがありませんように」と、日本が懺悔《ざんげ》するのは構わないのですが、「現に核武装をし、日本もアメリカも射程に入れている中国に対して、まだ核武装もしていない日本が謝罪したり反省したりしたら、彼らは誤解をする」ということを知らなくてはならないと思います。

そういう意味で、私は、今、「幸福の科学が出《で》、幸福実現党が出《で》、大川隆法が出《い》でて、救世の星となる」ということは、非常によいことであり、ある意味で、原爆《げんばく》や核ミサイル以上の、彼らに対する抑止力《よくしりょく》になると思いますよ。

徳は、必ず、高きから低きに流れます。

ですから、あなたがたは、宗教においても、政治においても、教育においても、やはり、目指すべき理想を掲《かか》げて、できるかぎり、数多くの世界の人たちが、平和で豊かで幸福な生き方ができるように、そして、信仰心《しんこうしん》に満ち溢《あふ》れた生き方ができるように、努力するべきです。

## 民主党政権によって日本が衰《おとろ》えれば、中国を導くことはできない

「あの世があるかないか」とか、「神《かみ》・仏《ほとけ》、天帝《てんてい》に当たるような存在、あるいは、如来《にょらい》や菩薩《ぼさつ》や天使のような存在があるかないか」とかいうことについては、もう、「ある」という答え以外にはありません。ですから、それを否定する思想は、善悪で言うなら、要するに、「間違っている」ということです。

そのような間違った思想の下《もと》に政治運営をされたら、下《した》にある者は、基本的に、「言論、表現、思想、信条などの自由が抑圧《よくあつ》されることになる」ということですね。

その意味で、あなたがたからは、「日本を成長させよう」とか、「日本の繁栄を続かせよう」とかいう思想が出ておりますけれども、そうでなければならないと思います。日本が没落《ぼつらく》したら、彼らが言うことをきくはずはありません。やはり、日本は、発展し続けなければ、成長し続けなければ、見習うべき先生にはなれないでしょうね。

今の民主党政権は、おそらく、緩《ゆる》やかに緩やかに国が自然死していく政権だと思います。彼らの下では、日本の国力が、緩やかに落ちてくるでしょう。

彼らは、一面では、〝優《やさ》しさ〟というものを持っているのですが、その〝優しさ〟が、自分たちの「責任感の希薄《きはく》さ」、あるいは、「目標レベルの低さ」というものに向かっているように見えます。

ですから、「日本が衰退《すいたい》することは、世界的なレベルで見て悪である」ということを知らなくてはならないと思いますね。

小島　ありがとうございます。

私たち、幸福実現党は、決してあきらめることなく、真実を追求し、訴《うった》え続けてまいります。そして、中国に対しても、はっきりともの申し、日本が世界のリーダーとなるべく、精進《しょうじん》してまいります。

孔子　ええ。

## 7　二十一世紀の「日本の使命」とは

小島　最後に一点、二十一世紀の「理想の政治像」について、お教えいただければと存じます。

### 二十世紀をリードしてきた国はアメリカだった

孔子　二十世紀をリードしてきたのは、やはり、アメリカであろうと思います。
また、十八世紀の後半から二十世紀の初めまでは、イギリスが中心で、ドイツもその間《あいだ》、興隆《こうりゅう》はしていたと思いますが、イギリス・ドイツの時代は、もはや過ぎ去っています。

アメリカの時代が二十世紀で、これは、要するに、日本との太平洋戦争に勝ったことによって、はっきりと確立した。アメリカは、その前に、第一次大戦でヨーロッパを助けたあたりから、世界に出てきたと思います。

ただ、アメリカ国内にも、さまざまな問題が内在しております。殺人をはじめとする犯罪、それから麻薬《まやく》等も流行《はや》っておりますし、また、家庭も非常に厳しい運営を強《し》いられているところがあります。競争も、そのよい面が出れば、もちろん立派なものですけれども、あまりにも過当な競争が行われて、人間性を阻害《そがい》する、阿修羅的《あしゅらてき》な側面も出ているのではないでしょうか。

さらに、アメリカには、ある意味で、中国を責められない、弱肉強食的な面もあるかもしれないと思います。

ただ、豊かな社会を築いたこと自体は実績ですね。ですから、このアメリカ的な繁栄《はんえい》を、ある程度、受け入れつつも、一定の修正をかけていかねばならないと思うのです。

## 理想の未来社会をつくるには、日本の徳治主義的な考え方も必要

日本という国は、そうは言っても、まだ、非常に徳治政の伝統が残っている国ですね。例えば、もう古い話になりますけれども、「阪神《はんしん》・淡路大震災《あわじだいしんさい》が起きたとき、暴動がまったく起きなかったことに世界は驚《おどろ》いた」と言われています。

アメリカであっても、ああいう状態であれば、スーパーマーケットや、百貨店など、いろいろな所が襲《おそ》われて、食料品や衣料品が略奪《りゃくだつ》される状況《じょうきょう》になるだ

ろうし、もちろん、中国であろうと、他のアジアの国であろうと、アフリカであろうと、一緒《いっしょ》だと思われますね。

ただ、日本においては、整然と、粛々《しゅくしゅく》と、物事が進められて、人々が救出を待ち、また、街の復興も同じように進められていった。そうした姿のなかに、諸外国は、自分たちが、普段《ふだん》、見ていないものを見たと思います。

ですから、理想の未来社会をつくるためには、アメリカ的なるもののなかに、一種の徳治主義的な考え方を入れていくことが大事でしょう。やはり、そうした徳治主義的な考え方を入れることによって、社会の混乱や、暴力、犯罪等を減らしていくような国をつくっていくことが大事だと思います。

あるいは、今の政権は、スウェーデンとか、イギリスとかを理想にしているのかもしれません。まあ、イギリスは、これからどうなるかは、まだ少し分からないところはあります。

ただ、「スウェーデン、イギリス等は、今、国としては年老いていて、これから、発展・繁栄する時点にはない」と私は考えます。

## 日本の「豊かさ」と「思想の高み」がアジアを平和に導く

ですから、私の予想としては、中国が軍事的攻勢《こうせい》をかけてくればくるほど、中国の意図に反して、アジアの諸国から、「日本には、中国と十分に対抗《たいこう》できるような国になってもらいたい。そして、自分たちを護《まも》ってほしい」という希望が出てくるでしょう。

その結果、鳩山《はとやま》氏が言っていた東アジア共同体ではないですけれども、実は、それが、別のかたちで実現する可能性があると思います。そういう意味での、

〝アジア安保〟的な考え方が出てくるでしょう。

そして、その間に、やはり、中国の内政を、もっときっちりとしたものに整備していかなければいけない。中国は、ある意味で、正しい法治国家に変えていく必要があるでしょうね。

さらには、北朝鮮《きたちょうせん》、中国、そして、イランという核《かく》兵器を備えている国の脅《きょう》威《い》に対して、「どのようなかたちで国際的に鎮圧《ちんあつ》をかけていくか」ということが、やはり大事です。

日本は、二十一世紀を戦争の時代にしないように、そうした国々を上手にリードしていかねばなりません。

その基礎《きそ》にあるのは、実は、日本の経済的発展・繁栄であり、この国に新しく起きてくるところの思想的な高み、理想でありましょう。私は、こうしたものが、実は、世界を治めていくものだと思っています。

ですから、日本の、経済的な発展・繁栄が、また、新しい思想的な高みや理想というものが、東南アジア、中国や朝鮮半島、そして、オーストラリアにまで広がっていってほしいと願っています。

## 日本は、中国のアフリカ侵略《しんりゃく》に対し、アメリカを補完すべき

中国は今、アフリカにも、しっかり手を出しておりますけれども、いずれ欧《おう》米《べい》がやったのと同じような、資源の争奪に入るだろうと思います。おそらく、軍事力を強化して、アフリカの資源争奪に入るでしょう。

アフリカのほうは、十分な軍事力がないので、あっさりと植民地化される可能性が極《きわ》めて強いと思います。

最近、「日本は、やはり、アメリカには勝てない」と言っていた方もいらっしゃいましたね［注2］。

まあ、勝てないかもしれませんが、日本は、やはり、アメリカを補完する力を持つ国にならねばなりません。

また、国連というものも、第二次大戦の戦勝国によってつくられた制度であるので、「一度、この枠組《わくぐ》みを見直していただきたい」ということは言わねばならないかもしれませんね。

## ロシアとの交流を活発化し、西側陣営《じんえい》に引き入れよ

あと、忘れ去られているのが、ソ連邦崩壊《れんぽうほうかい》以降のロシアです。この国も、緩《ゆる》やかに漂流《ひょうりゅう》しており、次のモデルが十分にはないのです。

ですから、放置しますと、元の遺伝子が復活して、軍国主義国家になっていく可能性があります。日本は、やはり、そうさせないよう、西側陣営《じんえい》のほうに、しっかりと引き入れていく努力をしなければなりませんね。

その意味で、「ロシアとの交流を活発化していく必要がある」と考えます。「まず現実があって、ものを考える」という考え方もありますけれども、やはり、「まず理想があって、それに現実を近づけていくべきだ」というのが、私の考え方です。

小島　ありがとうございます。

私たち幸福実現党は、あくまでも理想を掲《かか》げて、二十一世紀の新しい徳治主義を実現し、人々の新たな希望となるべく、頑張《がんば》ってまいります。

本日は、尊い教えを賜《たまわ》りまして、まことにありがとうございました。

## 十年、粘《ねば》り抜《ぬ》き、「日本の使命」を果たせ

孔子　粘《ねば》りなさいね。

小島　はい。

孔子　粘りなさい。あなたがたの理想はすぐには実現しないから、世間に何と言われようとも、粘ることが大事ですよ。

十年、粘れば、おそらく、一定の勢力は確保できるだろうと思いますので、批判に耐《た》えることです。あなたがたは、これから、百の批判、千の批判に耐え

ていく力が必要です。その基礎には、あなたがたの宗教的な精進《しょうじん》があると思いますよ。

あとは、キリスト教圏《けん》、そして、イスラム教圏等の改善も、また加えていかねばなりません。イスラム教圏をキリスト教が啓蒙《けいもう》することは、やはり不可能と考えます。

ですから、架《か》け橋《はし》になるのは、やはり、「日本しかない」と思います。「あなたがたの使命は、限《かぎ》りなく大きなものである」と、私は信ずるものです。

小島　ありがとうございました。

孔子　はい。

大川隆法　（孔子に）本当にありがとうございました。

［注2］本霊言の収録に先立つ二日前（八月十七日）、幸福の科学総合本部で行われた「ケネディとの対話」のなかでの、J・F・ケネディ霊の発言を指す。

# 第2章　キッシンジャー博士の守護霊《しゅごれい》予言

二〇一〇年八月十九日　キッシンジャー博士守護霊の霊示

ヘンリー・キッシンジャー（一九二三〜）

ドイツ生まれのアメリカの政治家・国際政治学者。ハーバード大学で博士号を取得し、同大学の外交政策担当教授に就任。ニクソン、フォード両政権で、国家安全保障問題担当大統領補佐官《ほさかん》、国務長官を務め、米中和解や米ソのデタント（緊張緩和《きんちょうかんわ》）政策を推進した。一九七三年、ベトナム戦争終結への貢献《こうけん》によりノーベル平和賞を受賞。

質問者

田中順子《たなかじゅんこ》（幸福実現党広報本部長）

綾織次郎《あやおりじろう》（幸福実現党政調会長代理 兼《けん》「ザ・リバティ」副編集長）

［役職は収録時点のもの］

## 1　国際情勢についてアメリカ側の意見を聴《き》く

大川隆法　先ほどは、孔子《こうし》から、国際情勢にわたる話を聴《き》きました。

今朝、「孔子の霊言《れいげん》」の政治編を録《と》るということを決めて、準備してきたのですが、自宅を出る直前に、キッシンジャー博士の守護霊《しゅごれい》の予言のようなものが降りてくる感じを受けたので、二本目として収録することにしたわけです。

ただ、実際に、私はキッシンジャー博士の守護霊と一度も話をしたことがありません。そのため、どんな人なのかは知りませんし、どんなことをした人かも分かりません。

ご本人はユダヤ系のアメリカ人ですが、まだ生きており、国際情勢などについて、かなりの見識を持っておられます。

先ほど、孔子の「二十一世紀予言」もありましたが、アメリカ側の人の意見も聴いて照らし合わせてみると、よく分かる面があるのではないかと思います。

キッシンジャー博士は、過去に日本人や中国人に生まれていることもないとは言えませんが、予言者的な資質や、軍師的・戦略家的な資質も持っているように感じられるので、何らかの参考になる意見が聴けるのではないかと思います。

もし、日本語での対話が不可能であった場合、生きている本人は、今、英語を話しているので、英語で通じるのではないかと思います。

まだ、キッシンジャー博士の守護霊とは、話をしたことがないので、本邦《ほんぽう》初公開というか、初実験であり、出来のほどは保証できません。先般《せんぱん》の立木党首《ついき》のようなかたちになるかどうかは分かりませんが［注］、話を聴いてみたい人ではあるでしょう。

現在の国際情勢については、おそらく、本人よりも、守護霊のほうが、よりクリアにいろいろなものが見えているのではないかと思います。おそらく、地球レベルで見ていると推定されます。

それでは、呼んでみます。もし、日本語も英語も、両方駄目《だめ》だった場合には、私のほうで通訳をします。

彼が、ある程度、光の天使レベルの霊であった場合には、日本語で語ることが可能ですが、もう少し下の〝この世的な人〟の場合には厳しいと思います。

今までのところ、オバマ大統領の守護霊やケネディ元大統領は日本語では無理でしたので、この人がどうであるかは分かりません。イギリスのサッチャー元首相の守護霊に至っては、ドイツ語でなければ駄目で厳しいものがありましたし（『民主党亡国論』〔大川隆法著、幸福の科学出版刊〕第3章参照）、マルクスの場合も、ドイツ語しか話せなかったので、通訳の霊人《れいじん》を付けて対話を行いました（『マルクス・毛沢東《もうたくとう》のスピリチュアル・メッセージ』〔同〕第1章参照）。

事前の打ち合わせをしないというのは、本当はあまりよくないのかもしれませんが、まあ、そのほうが面白《おもしろ》いでしょう。

地球圏《ちきゅうけん》にいる霊人で、私が呼べない人はいないと思われます。銀河を遙《はる》かに越《こ》え、遠くて念波が届かないぐらいの距離《きょり》がある場合には、呼べないか、呼び出すのに一時間ぐらい待ってもらわなければならないかもしれませんが、地球圏にいる霊人で、私の念波が通じない人は、今、天国にも地獄《じごく》にもいないと信じています。

［注］八月十七日、幸福の科学総合本部において、Ｊ・Ｆ・ケネディを招《しょう》霊《れい》した際、幸福実現党党首・立木秀学《しゅうがく》が英語で対話を行った。

## 2　アメリカと中国の今後の見通しについて

### キッシンジャー博士の守護霊《しゅごれい》を招霊《しょうれい》する

大川隆法　それでは、行きますよ。いいですか。

（約三十秒間の沈黙《ちんもく》）

キッシンジャー博士の守護霊《しゅごれい》、キッシンジャー博士の守護霊、願わくは、幸福の科学に降臨したまいて、われらに、あるべき日本の政治の姿、また、今後の国際情勢の見通し、その他、われらを啓蒙《けいもう》する教えをくださることを、心の底よりお願い申し上げます。

キッシンジャー博士の守護霊、キッシンジャー博士の守護霊、どうか、われらをご指導賜《たまわ》りたく、よろしくお願い申し上げます。

（約三十五秒間の沈黙）

キッシンジャー守護霊　ウェル……、ホワッツ・ディス？　ハウ・アー・ユー？（えーっと……、これは何ですか。こんにちは。）

田中　ドクター・キッシンジャー。（キッシンジャー博士。）

キッシンジャー守護霊　イヤア。（はい。）

田中　アイ・アプリシェイト・ユー・ビーイング・ヒア・トゥデイ。
（本日はお越《こ》しいただき、ありがとうございます。）

キッシンジャー守護霊　ア・ハア。（はい。）

田中　アイ・アム・ジュンコ・タナカ、ア・メンバー・オブ・ザ・ハピネス・リアライゼーション・パーティ。（私は田中順子と申します。幸福実現党の一員です。）
ディス・イズ・ア・ジャパニーズ・ポリティカル・パーティ。ジャスト・ラスト・イアー、イト・ウォズ・エスタブリッシュト。（これは、日本の政党です。昨年、設立されたばかりです。）

キッシンジャー守護霊　アイ・ドント・ノウ。（知りません。）

田中　（苦笑）

キッシンジャー守護霊　（笑）ソーリー。（ごめんなさい。）

田中　オーケー。アイ・ウィル・エクスプレイン・トゥ・ユー・レイター。（大丈夫《だいじょうぶ》です。あとで説明いたします。）

バット、マイ・イングリッシュ・イズ・リアリー・プアー。（しかし、私の英語は本当に拙《つたな》いのです。）

キッシンジャー守護霊　ノー、ノー。ユー・スピーク・ヴェリー・フルーエントリィ。（いや、いや。とても流暢《りゅうちょう》ですよ。）

田中　（笑）アイド・ライク・トゥ・アスク・ユー・イフ・ユー・キャン・スピーク・ジャパニーズ。アイ・プリファー・スピーキング・イン・ジャパニーズ。ハウ・アバウト・ユー？　（お尋《たず》ねしますが、日本語をお話しになれますか。私は日本語のほうがよいのですが、いかがでしょうか。）

キッシンジャー守護霊　リアリー？　ウーム。（そうですか。うーん。）

田中　ウジュ・ライク・トゥ・スピーク・イン・ジャパニーズ？　オア……。（日本語で話されますか。それとも……。）

キッシンジャー守護霊　アー、ウーム。（えー、うーん。）

田中　イフ・イッツ・リアリー・ディフィカルト、ウィ・キャン・ユーズ・ア・トランスレイター。（もし日本語が難しければ、通訳を使うことができます。）

キッシンジャー守護霊　ジャスト・ア・モーメント。（少し待ってください。）

田中　（笑）オーケー。ソーリー・トゥ・インタラプト・ユー。（はい。邪魔《じゃま》してしまって、ごめんなさい。）

キッシンジャー守護霊　ディス・イズ・マイ・ファースト・コンタクト、ソウ・ア・リトル・ディフィカルト・フォー・ミー。（初めての接触《せっしょく》なので、私には少し難しいのです。）

アー、ジャパニーズ、ジャパニーズ、ジャパニーズ、ジャパニーズ、ジャパニーズ。ウーム……。ジャパニーズ、ジャパニーズ、ジャパニーズ、ジャパニーズ、ジャパニーズ、ジャパニーズ。アー、ウーム……。

ア、ハア。ウーム……。ジャパニーズ、ア、リトル、ムズカシイ、アルヨ（会場笑）。

アー、シカシ、ア・リトル・ディフィカルト、インディード。バット・アイル・トライ。（確かに、少し難しいけれども、やってみます。）

アイ・キャン・スピーク・ジャパニーズ・ウィジィン・ファイヴ・ミニッツ。（五分以内に日本語を話せるようになります。）

アイル・トライ。バット、ファーストリィ、アイ・スピーク・ヴェリー・プアー・ジャパニーズ、ソウ・プリーズ・フォーギヴ・ミー・アバウト・ザット。アイル・ドゥー・マイ・ベスト。（やってみます。しかし、最初は、とても拙い日本語になるので、許してください。最善を尽《つ》くします。）

（著者を指差して）フー・イズ・ヒー？　アイ・ドント・ノウ・コレクトリィ。（彼〔著者のこと〕は誰《だれ》ですか、よく知りませんが。）

ヒー・ウィル・アンダスタンド・マイ・アイディア、ソウ・ヒー・キャン・コオポレイト・ウィズ・ミー。アイ・ホウプ・ソウ。ソウ・アイ・ワァント・トゥ・トライ・トゥ・スピーク・イン・ジャパニーズ。オーケー？（彼は、私の考えを理解できるでしょうから、協力してもらえるでしょう。そう望みます。ですから、日本語で話してみたいと思います。よろしいですか。）

バット・プリーズ・ウェイト・ファイヴ・ミニッツ・ビフォー・アイ・キャン・スピーク・ジャパニーズ・フルーエントリィ。イズ・ザット・オーケー？（しかし、日本語をうまく話せるようになるまで、五分、待ってください。それで、よろしいですか。）

田中　サンキュー・ヴェリー・マッチ。オフ・コース。（ありがとうございます。もちろん、大丈夫です。）

キッシンジャー守護霊　オーケー。ジャパニーズ・プリーズ。オーケー？（分かりました。では、日本語でどうぞ。いいですか。）

## 「オバマ大統領の続投」が鍵《かぎ》になるアメリカ

田中　本日は、本当に無理なお願いを聞いていただいて、ありがとうございます。よろしくお願いいたします。

キッシンジャー守護霊　アハ……、ハイ。

田中　私は、キッシンジャー博士の『外交』を読ませていただいて、博士の天才性を、たいへん尊敬しております。

キッシンジャー守護霊　テンサイ……、ジニアス（天才）トイッテルノ？

田中　ジニアス、イエス、イエス、はい。

キッシンジャー守護霊　ハッハッ、ジニアス、ノー（笑）。

田中　そのキッシンジャー博士に、今後の世界の方向性についてお伺《うかが》いします。今、アメリカは、戦争という点においても非常に厳しい状況《じょうきょう》にありますが、これから先、アメリカは、どういう方向に進んでいくのでしょうか。そして、その際、パワーバランスとしての中国は、どういうかたちで台頭してくるのでしょうか。この点についてお伺いしたいと思います。

キッシンジャー守護霊　ウー、アー、オー、オバマ、オバマさんが、エー、ぞ、続投？　ウー、続投するかどうか、が、エー、鍵《かぎ》だと思ってます。デ、今、アメリカでは、人気が、下がりつつあります。

ですから、アー、登場したときは、ケネディ大統領が出てきたような、新鮮《しんせん》さがあって、それから、スピーチが、とても、オー、上手だったので、人々は、期待しましたね。

で、オバマさんの当選前に、「オバマ政治は駄目《だめ》だ」と言ったのは、大川隆法さんだけでしょうかね。ええ。あれだけ人気があった人を、〝こき下ろした〟と言うんですか? アー、ひどく言って、アメリカの信者の方も、「まだやっていないのに、批判するのはひどいんじゃないか」と言っていたと聞きましたけれども、現実は、当たっていましたね。

だから、あの、彼は、やはり、強いアメリカよりも、なんて言うか、あなたがたは、「アメリカのジャパナイゼーション(日本化)」と言っているんだと思うけれども、アメリカの弱い部分を引き上げようと、考えていたんだと思うんです。

その弱い部分を引き上げようとしたのが、実は、アメリカの強い部分を、アー、何？　デストロイ（破壊《はかい》する）？　アー、コラプス（崩壊《ほうかい》させる）？　こう、駄目にしていくような、感じになってきて、例えば、ウォールストリートを、「金儲《かねもう》けしすぎた」と批判したりですね、まあ、そういう、アメリカの強いところを、攻撃《こうげき》しました。

そして、イラクから撤退《てったい》するということで、「平和主義者になるのかな」と思ったのに、アフガンでまた戦争を始めて、死傷者の数が、とっても多くなってきて、国内からの反対が、いっぱい出てきています。でも、ノーベル平和賞をもらいました。まあ、ノーベル平和賞をもらった人は、よく暗殺されるので、今、とても警戒《けいかい》している状況ですね。

もし、オバマさんが、駄目になった場合、例えば、ヒラリー・クリントンが出るか、あるいは、共和党から誰か有力者が出るかで、次の動きも変わってはくるんですが、アメリカも、日本と一緒《いっしょ》で、エー、保守回帰？　エー、ライトウィング（右派）に、こう、シフトしようと、やはり、し始めていますね。日本も、ちょっと、その動きが出てきましたが、アメリカからアメリカらしさがなくなってきていることに対して、国民の支持が減ってきたことを感じているようです。やはり、アメリカは、スーパーマンの国なので、大統領は、強くなければいけないんですね。

だから、今、ちょっと強いところを見せようとしています。まあ、でも、これは、主としてヒラリー・クリントンが、「もっと強く押《お》し出さないと、政権がもたない」と言って、お尻《しり》を突《つ》っついてるんですけども、最近、ちょっと、中国とも、やや、アー、何？　コンフリクション（衝突《しょうとつ》）が、こう、起きつつあると思いますけどね。

で、ホワット・イズ・ユア・クエスチョン？（あなたの質問は何でしたか。）

（笑）

## 中国の軍事拡張は「張子《はりこ》の虎《とら》」である

田中　チャイナ（中国）の台頭についてです。

キッシンジャー守護霊　アハ、チャイナ。チャイナ。オー、チャイナは、私の得意な領域の一つではあるんですね。でもね、考えなければいけないのは、世界に七十億近い人口があるなかで、五人に一人はチャイニーズ（中国人）であるということね。

だから、この「世界の五人に一人はチャイニーズ」という現実のもとにね、彼らを、完全に、イクスクルード……、こう、排除《はいじょ》して、この世界を成り立たせようとするのは、無理だということですね。ですから、何らかのかたちで、エー、世界戦略を立てて、まあ、彼らもそのなかに、上手に加えていかねばならないと思うんですね。

だから、アー、経済の原理と、政治の原理が、今、ちょっとぶつかってきつつあるんですね。アメリカは、その、アメリカのエコノミック・デバークル（暴落）、オア、ディクライニング、アー、何て言うの？　オー、経済的、停滞《ていたい》？

田中　減退、衰退《すいたい》。

キッシンジャー守護霊　ああ、そう、そう、そう。それを、乗り越えるためには、中国との取り引きを増やさなければならないし、それから、アメリカ国債《こくさい》を、中国は大量に買っているから、まあ、アメリカの債権者ですね。だから、アメリカの巨大《きょだい》株主ですよね。

経済的には、そうなっているけれども、政治的に、コミュニズム……、まあ、共産主義が、再び広がってくると見たときには、アメリカは、本能的に戦わざるをえなくなってくるところがあるので、今、分裂《ぶんれつ》気味になっていますね。

中国は、今、軍事的に、エクスパンド（拡張）しているけれども、まあ、エー、何て言うの？　これ、日本語、難しいね。アー、はり……、張子《はりこ》の、虎《とら》？（会場笑）　ウー、「張子の虎」みたいなところがあって、外にはすごく強そうに見せているけれども、実は、自信のないところが、そうとうあるんですよ。

ですから、そのへんは、実戦というか、実際に、ウォー（戦争）をやってみなければ、本当にどのくらい強いかは、分からないんですね。

中国は、アメリカ対策として、大陸間のミサイルも持っているし、アメリカの情報システムを破壊する研究や、コンピュータ・ウイルス等で混乱させる計画、それから、人工衛星を破壊する計画など、いろんなものを持っています。

けれども、アメリカの技術が、それよりも遙《はる》かに優《すぐ》れたものであったら、逆にやられてしまうので、イラクみたいになるのか、ならないのか、自分らの戦力が、必ずしも客観的には見えていないところがありますね。

それで、まあ、私の考えですけれども、オバマ政権、あるいは、アメリカ民主党政権が、まだ続いていくようなら、八年続いていくようであれば、確かに、あなたが言ったように、アメリカは、緩《ゆる》やかに、ディクライン（衰退）していって、中国が、次の覇者《はしゃ》、まあ、ファイナル・ヴィクトリー（最終的勝利）を得ようとして、エクスパンド（拡張）してくるのは、間違《まちが》いないと思います。

**日本は「アメリカに寄るか、中国に寄るか」で心が割れている**

それで、やはり、日本が、どういうふうに動くかが、実は、鍵になっているんですね。

日本政府は、中国寄りか、アメリカ寄りかで、この一年、あっちへ行ったりこっちへ来たりしましたね。まあ、これが、今の日本のいちばん弱いところですね。

あなたがたの努力で、ちょっと、右に戻《もど》ったのですかね。ちょっと、アメリカ寄りに戻っているんですね。

でも、アメリカと、サウスコリア（韓国《かんこく》）が、ミリタリー・エクササイズ

（軍事演習）をしているのに、日本が、ジョイン（参加）できないでいるあたりは、政治家の指導力が非常に低いと思います。

それを世界レベルで見たら、日本が、こう、中国の、エー、アー……、この日本語難しいね。は、は、覇権《はけん》、中国の覇権の下《した》に入るのか、あるいは、軍事的に、アメリカや韓国のほうに入るのかということですね。

後者のほうは、日本の経済界が、非常に警戒しています。今、中国が、「世界の工場」になっていて、日本の経済を支えているところがあるのでね。

だから、今、政治のほうは、はっきり言って、心が二つに割れている状況ですね。選択《せんたく》を迫《せま》られていると思います。

ただ、日本の民主党の支持母体には、左に寄っているものが多いけれども、親中国で、決定的にアメリカに敵対的な路線をとることはできないと思います。

それで、一国平和主義みたいなものに持っていきたがり、なんて言うか、両方に力を貸さないで、「日本は日本で、平和主義を守る」というような方向に持っていこうと、圧力をかけてくると思いますね。

## 中国の覇権《はけん》主義に対しては、ディベートで打ち返すべき

でも、中国は、「沖縄《おきなわ》は、もともと、中国の領土だった」などと言い始めましたから、次は、「九州も、本州も、中国のものであった」と言うかもしれません。そのくらいのことは、彼らは簡単に言いますし、「漢字を教えたから、国ぐらいはもらってもいい」というぐらいのことは平気で言います。

まあ、中国人の言葉は、そのまま信じてはいけないのです。そうとう、脅《おど》しも含《ふく》まれているので、本当は、アメリカ人と同じように、ディベート（討論）

をしなければいけないのです。言われたら、言い返さなきゃいけないのに、日本人は、とてもパッシブ（受動的）で、言い返せずに、本気に受け取ってしまうところがあるんですね。

だから、中国人を説得するためには、アメリカのように、ディベートをすべきで、言われたら、やはり、ちゃんと打ち返さなければいけないと思うんですね。言われたことに対して、打ち返さなければいけないと思いますね。

日本を一方的に悪だと決めつけて、謝罪外交をさせ続けることは、彼らの軍事拡張の口実にしか使われていないのは、もう明らかであるので、やはり、ここを見分けられなければ、日本の政府当局者は「無能だ」と言わざるをえないですね。

私の考え方は、「中国に関しては、世界の五分の一のシェアを持っている国であるから、無視することはできないので、何らかのかたちで、二十一世紀以降も、彼らと、平和的に共存できる道は探《さぐ》らなければならない」という前提はありますけれども、ただ、彼らが考えているヘゲモニックな、覇権《はけん》主義的な、そういうエクスパンション（拡張）は、やはり、ディベートをして撃《う》ち落とさなければいけないのです。

そういう意味で、日本のマスコミは非常に弱い。最近になって、ようやく、少し言い始めましたね。

幸福実現党が、一年間、頑張《がんば》ってきたことの影響《えいきょう》が、そうとう出ているし、ここで出している本で、未来予言みたいなのを、だいぶ言っているらしいので、これが、そうとうマスコミにも広がって、読まれていて、「そういう未来なら困る」という感じは、出てきていると思うんですね。

## 3 中国の侵略《しんりゃく》を阻止《そし》する国際的な体制づくりを

### 日本は立場をはっきりさせよ

キッシンジャー守護霊　だから、中国に関しては、排除《はいじょ》はできないけれども、「一方的に、他国の権益を侵害《しんがい》するようなことはさせない」という、国際的なパワーは、やはり必要だと思いますね。

日本は、放置すれば、「一国平和孤立《こりつ》主義」で逃《に》げようとする可能性が高いので、これだと、アメリカからも、中国からも、両側から責められ、非難され続けて、自分の居場所がなくなる可能性が、とても高いですね。

やはり、国民に考えを問うて、立場をはっきりさせるべきです。例えば、「日本は、アメリカや韓国《かんこく》と一緒《いっしょ》に、自由と繁栄《はんえい》を護《まも》る体制のなかで未来を構築していく。万一《まんいつ》、北朝鮮《きたちょうせん》や中国が、国際法的に見て非合法な攻撃《こうげき》や、他国侵略をした場合、米韓が合同で防衛し、それを阻止《そし》すると言うなら、日本も、協力して、一緒に戦わざるをえない。そのためには、与野党《よやとう》の枠《わく》を超《こ》えて、憲法改正をするなり、法律をつくるなりして、きちんとジョイン（参加）できるようにする」というようなことを、意思決定する必要があります。

あるいは、あなたがたが、すでにウォーニング（警告）を出しているように、なすすべもなく放置すれば、中国の支配下に緩《ゆる》やかに入っていきます。そして、オバマさんたちが、アメリカを、だんだん後退させていって、「もう、アメリカは、軍事的なことには、一切《いっさい》、手を出さない」と、今の日本みたいな状態になる可能性もあるんですね。

ベトナム戦争やイラク戦争、アフガン戦争と、いろいろ戦争をして、戦死者がたくさん出て、批判も出てきているので、「もう、戦争はしません」というようなかたちで、引いていくこともないとは言えません。

でも、おそらく、アメリカで民主党政権が八年以上続くとは思えないし、オバマさんが乗り切るかどうかは、ちょっと微妙《びみょう》です。まあ、オバマさんが乗り切らなくとも、ヒラリーさんなどが、あと四年やるかもしれません。

それでも、まあ、アメリカで民主党政権が続くのは、八年が限度かなとは思います。おそらく、その次に来るアメリカの政権は、非常にタカ派の政権であり、おそらく、外交的には強硬策《きょうこうさく》をとってくると思うので、この八年間を、日本はどのように乗り切っていくかということが、極《きわ》めて大事なことですね。

## 日本に左翼《さよく》政権が続けば、日本が「戦場」になる

だから、ヨーロッパ、アメリカ、日本、韓国、そしてオーストラリアなども含《ふく》めて、こういうところが連合をきっちり組んでいれば、中国も、国際社会に加えてもらうために、ある程度、考え方を変えざるをえないと思うのです。このあたりが、やはり、まとまりをつくらなくてはいけないと思いますね。

だから、これは、鳩山《はとやま》さんの最大の罪だと思うけれども、日本がアメリカから離《はな》れていったら、本当に中国の狙《ねら》いどおりになります。万一、その反対の「中日安保条約」みたいなものをつくったら、今度は、本当に、アメリカ側との戦争になり、間違《まちが》いなく日本が戦場になりますので、極めて危険です。

だから、今、左翼《さよく》政権が日本で続くことは、私は好ましいことではないと思

います。日本が戦場になる可能性は極めて高いと思いますね。

まあ、日本単独で軍事国家を目指すような行き方をすれば、政治的にはもたないかもしれないけれども、やはり、「ヨーロッパ、アメリカ、韓国などと、よく協調していく」という言い方で、ディフェンス（護り）を固めていくことが大事だと思いますね。

もちろん、沖縄《おきなわ》を取らせてはいけませんし、今後、沖縄の離島《りとう》が取られることを想定した訓練を自衛隊が始めるようですけども、まずは、その前に台湾《たいわん》ですよ。アメリカが引いていって、要するに、「第七艦隊《かんたい》を派遣《はけん》して戦う意思がない」ということが明確になれば、台湾は完全に取られます。

## 中国が「経済的な攻撃《こうげき》」を仕掛《しか》けてくる可能性

中国は、アメリカの経済危機を利用できないかどうかを考えています。「アメリカが衰退《すいたい》していったらうれしいけれども、アメリカの経済が回復したら、アメリカに戦う力が出てくるので、ちょっと困る」ということですね。

今、アメリカもヨーロッパも経済状態はとても悪いので、中国が日本国債《こくさい》を購入《こうにゅう》する動きが出てきています。私は、相場について、それほど詳《くわ》しくないので、正しいかどうかは、よく知らないのですが、日本国債をたくさん購入して、そして、一気に売りを浴びせて暴落させ、暴落したときに、為替《かわせ》の予約か何かによって、それを利益に変える方法があるはずなんですよね。

だから、日本の国債を購入して、一気にそれを売り払《はら》い、暴落させて、日本に、もう一段、経済的なダメージを与《あた》えるつもりはあるし、アメリカ国債の売《ばい》却《きゃく》も当然やって、まず、経済的な攻撃《こうげき》を仕掛《しか》けてくる可能性はあると思いますね。中国の日本侵攻《しんこう》作戦は、今、着々と進んできていますよ。

あなたがたは、去年から、一生懸命《いっしょうけんめい》に、声を嗄《か》らして活動されたようですけれども、それは正しいことであり、ほかは、自由民主党も、民主党も、外交問題から逃げていましたよね。彼らが逃げていたこの一年の間に、世界の情勢は変わりつつあります。

あなたがたは、言うべきことを言って、選挙で負けましたが、これは、必ず、コンペンセーション（代償《だいしょう》）の原理が働きます。あなたがたが、「正しいことを言って、警告していたにもかかわらず、選挙で負け続けた」ということに対して、必ずコンペンセーションが起きてきます。しばらくすれば、政治的にも浮力《ふりょく》が必ず出てくるので、それほど心配は要《い》らないと思いますね。

ですから、やはり、考え方を大事にすべきです。党首はよく替《か》わるそうですけれども（笑）、「党首が替わっても、基本施策《しさく》は変わらない」というところは、やはり、しっかり堅持《けんじ》したほうがいいと思いますね。

## あなたがたはオピニオン力で日本の舵取《かじと》りをしてゆけ

それと、日本人は、「批判されると、仲が悪くなって、友達でなくなる」と考えますが、中国人は、仲がいいと喧嘩《けんか》をするのです。だから、中国人には、しっかり批判をしてやらないと駄目《だめ》なんです。それは、仲がいい証拠《しょうこ》なんです。

中国人は、仲が悪い人には悪口を言わないのですが、親しくなればなるほど、公《おおやけ》に悪口を言うようになるのです。彼らは、そういうメンタリティーを持っているので、日本みたいに、悪口を言われたら、ただただ謝《あやま》ったり、沈黙《ちんもく》したり、引っ込《こ》んだりするというのは、非常によくないことなのです。

私は、やはり、保守系の政権に早く戻《もど》さなければいけないと思いますね。そして、あなたがたが、言論というかオピニオンにおいて、イニシアチブ（主導権）をとることが大事だと思います。もちろん、一党で政権を取れるところまでは、まだ行かないにしても、保守系の連立政権をつくるあたりを最初の目標にすることです。保守系の連立政権をつくっても、まあ、あなたがたの数はまだ少ないだろうけれども、やはり、オピニオン力でリーダーシップをとり、日本の舵取《かじと》りをしていくことが、当面の八年間ぐらいの戦いにおいて大事なことですね。

## 4　主張を曲げずにチャレンジしていく姿勢を

### アメリカに対しても、意見を言わなければならない

また、同じく、中国の悪いところを批判すると同時に、アメリカに対しても、やはり、意見を言わねばならないと思いますね。

オバマさんも、ちょっと菅《かん》さんに似たところがあって、今、修正させられつつはありますが、弱いところがありますね。彼は、ソーシャルワーカーをしていたことがあるので、貧困層《ひんこんそう》などに優《やさ》しい面を持っています。また、今、あれでしょ？　あの「グラウンド・ゼロ」、アー、何だ？　ワールドトレードセン

ターの跡地《あとち》の近くに、イスラムのモスクを建てる計画について、賛成か反対かで揉《も》めていて、オバマ大統領は態度がブレています。あの人は元イスラム教徒だからね。

だから、イスラム教に対しては緩《ゆる》いんですけれども、アメリカの国民は攻撃《こうげき》された場所の近くにモスクを建てることを許さないため、建設に賛成すると支持率が落ちてしまいます。それで、オバマさんは、また態度を変えようとしたりして、ちょっと揺《ゆ》れています。

鳩山《はとやま》さんや菅さんみたいな、頼《たよ》りないところが出てきているので、次の選挙は、ちょっと危険ではあると思います。やはり、日本も、もうそろそろ、アメリカに対して言うべきことを言い、アドバイスぐらいはしなければいけないね。

でも、そのオバマさんでも、日本の菅さんなどは、もう、アメリカの駐日大《ちゅうにちたい》使《し》ぐらいのレベルだと見ています。行政能力がそのくらいしかないと見ているので、まあ、悲しいですね。

韓国《かんこく》の大統領のほうが、遙《はる》かに意見がはっきりしていて、強いですね。このままだったら、韓国のほうにリーダーシップを取られてしまうでしょうね。おそらく、そうなると思います。これは、政治家の資質の問題ですね。

だから、私は、連立でもいいから、やはり、何らかの保守系の政権に戻《もど》さないといけないし、米韓と一体になっておかなければ、国益を害すると思います。

## 「正しい」と思うことを言い続けよ

あなたがたの今までの痛みや敗北感は、おそらく、何らかの補償作用《ほしょうさよう》が働いてきて、今度は、世論《せろん》として、持ち上げてくる力が出てくると思います。

だから、気にしないで、正しいと思うことを言い続けていけばいいのです。そのほうが、最終的には、一気に応援《おうえん》が出てくるようになるし、今、支援していなくても、そういうふうに見ている方はかなりいます。

この政党が一過性《いっかせい》のもので、教団の宣伝のためだけのものなのか、それとも、本当に意見を持って政治活動をやり抜《ぬ》こうとしているのか、やはり、世間は、三年ぐらいは見るんじゃないでしょうかね。

三年ぐらいは見ないと分からないのです。いろいろな政党が、できては潰《つぶ》れ、できては消えていきますので、三年は見ないと信用しないのです。だから、三年ぐらいは、選挙でなかなか勝てなくても、それは、しかたがないと思います。でも、主張を曲げないで、チャレンジしていく姿勢を持ったほうがいいと思いますね。

「言っていることが正しいのに、負け続ける」という状態を、あまり長く放置することは、やはり、国民全体が許さなくなるので、マスコミが偏向報道《へんこうほうどう》ばかりしていたら、今度はマスコミのほうが危なくなってきます。

日本は、まだ、その程度の復元力のある国だと、私は思います。

## 日本は中国に対してイニシアチブをとるべき

中国に関しては、もちろん、今後も、貿易など、いろいろな付き合いは続きますけれども、イニシアチブをとらなければいけないね。「そういう付き合いを続けるのであれば、あなたがたも、平和政策をとりなさい」と言って、日本はイニシアチブをとらなければいけないですね。

おそらく、次は、中国には水の危機と食糧《しょくりょう》危機が来ます。この二つの危機を解決できるのは、おそらく、日本の技術です。必ず、日本の技術が必要になるはずです。

向こうは、「日本を植民地にしてやろう」と思っているかもしれないけれども、技術格差があるので、逆に、日本の指導を受けなければ、今後、十三億から十五億にもなる民《たみ》を養っていけなくなってくるはずですね。中国の産業を適正に導くために、日本の力が必要になってくると思うので、やはり、協調路線をとらざるをえなくなると思います。

ですから、今の時点では、アメリカ側と組んで、強気の姿勢をちょっと持っていたほうがいいけれども、最終的に、相手を地上から消してしまうようなことはお互《たが》いにできないので、結論としては、両者の発展になるような方向に持っていけるように努力しなければいけません。

そのためには、友人として、お互いに、言うべきことはきちんと言うことが大事ですね。

それと、中国の軍事拡張について、いちばん早急な問題は、おそらく、台湾《たいわん》問題だろうと思うのです。アメリカが引いて、日本が何もしなければ、台湾は取られます。この台湾のところを護《まも》らなければ、やはり、シーレーン確保はできなくなってきます。

こうした中国の脅威《きょうい》と、次は、イスラム圏《けん》のほうの問題があります。最近、ホルムズ海峡《かいきょう》で日本のタンカーの爆発《ばくはつ》事件がありましたけれども、石油が入ってこなくなると、これは、日本にとっては非常に大きな打撃ですのでね。

## 国難を救うために宗教が意見を言うのは当たり前

だから、自衛隊は、そうは言っても、軍隊として一定の機能を果たさないといけなくなるので、鳩山さんが、「対米の給油を打ち切る」という政策からデビューしたことの歴史的な誤りが、今後、大きくクローズアップされてくると、私は思いますね。

だから、コウフクジツゲントウ？　アー、幸福実現党が勝てばよかったんですよ。去年、勝てば、いちばんよかった。日本にとってベストだったんですが、国民がアホだったんですよ（会場笑）。アー、「ばか」と「アホ」は違《ちが》う。日本語で、「アホ」は関西で、「ばか」は東京だね？　東京の人に、「アホ」と言ったら怒《おこ》るから、「ばか」と言わなきゃいけないんですね（会場笑）。

日本国民は、ばかだったのですが、それでも、何年かのうちには分かってくるので、やはり、知らしめる努力は必要です。広報、ＰＲ、出版、言論、それから、テレビ、ラジオ、その他のメディアの力もあるでしょうけれどね。あとは、「仲間を増やしていく」ということもあるけれども、基本的に、言っていることと、やっていることは、とてもいいことです。

だから、「宗教が政治をやるのは悪い」みたいな言い方をされるかもしれないけれども、政治がよければ、宗教は、別に何もする必要はないのです。政治が漂流《ひょうりゅう》しているので、今、宗教が意見を言っているわけで、私は、これは正しいと思います。国難を救うために、宗教が意見を言うのは当たり前のことです。あなたがたは、政党までつくって、圧力をかけているんでしょ？　これは正しい行為《こうい》です。だから、怯《ひる》む必要はないと思いますね。

私、しゃべりすぎました。なんで、日本語を、こんなにしゃべれるんでしょう（会場笑）。不思議です。初めて日本語しゃべってるんですよ、私。なんか饒舌《じょうぜつ》になってきましたね。ええ。

田中　ありがとうございました。せっかく乗ってこられたところで、たいへん恐縮《きょうしゅく》ではございますが、ここで質問者を交替《こうたい》させていただきます。

キッシンジャー守護霊　いや、私、あなたと、もっと話したかったのに（会場笑）。

田中　後ろに質問者が控《ひか》えておりますので。

キッシンジャー守護霊　男性ですか？（会場笑）

田中　はい。

キッシンジャー守護霊　残念ですね（会場笑）。

田中　日本のあるべき姿や、幸福実現党への具体的な指針を賜《たまわ》り、本当にありがとうございました。

キッシンジャー守護霊　ハー、残念ねえ。もうちょっと、早く話を切ってほしかったね。

アー、いや、男性も好きだよ（会場笑）。

## 5　中国の狙《ねら》いとアメリカの計算、そして、日本がとるべき外交政策とは

綾織　男性で申し訳ございません（会場笑）。

キッシンジャー守護霊　ああ。

綾織　私《わたくし》は、幸福実現党政調会長代理の綾織《あやおり》と申します。つい最近、キッシンジャー博士のご著書『ディプロマシィ（外交）』を読ませていただきました。

キッシンジャー守護霊　ああ、君、今、発音が少し悪かったよ（会場笑）。

綾織　失礼いたしました。

キッシンジャー守護霊　意味が聞き取れなかったよ、私《わたくし》。はい。

綾織　直接、お話しでき、本当にうれしく思います。ありがとうございます。ご著書を読み、また、今のお話を聴《き》いておりましても、外交家、国際政治学者としての天才性を非常に感じさせていただきました。そこで、私《わたくし》のほうからは、「国際政治の未来」について教えていただければと思います。

キッシンジャー博士は、非常に冷徹《れいてつ》な見方をされ、バランス・オブ・パワー（勢力均衡《きんこう》）ということを常に考えておられると思います。

ただ、それに対する批判もあり、私自身も、「今後は、もう少し、理想主義的なものや価値観を重視し、『現実主義と理想主義のバランス』をとりながら見通していく必要があるのではないか」と感じています。

アメリカが衰退《すいたい》していくかもしれないと言われている状況《じょうきょう》のなかで、日本としては、「バランス・オブ・パワー」の観点だけではなく、「もっと価値観を打ち出した外交・安全保障」も必要ではないかと考えています。そのへんについて、お考えをお聴かせいただければと思います。

## アメリカは、やがて、自衛隊の縛《しば》りを解くよう圧力をかけてくる

キッシンジャー守護霊　ちょっとだけ異論があります。あなたは今、私がバランス・オブ・パワーだけしか考えていないような言い方をしたけれども、すでに、そうなっているものは、そうせざるをえませんが、私は、「その前の段階がある」と思うんですね。

今、中国や北朝鮮《きたちょうせん》は、アメリカが許せる範囲《はんい》、限度を超《こ》えようとしています。それらの国が強大化して、勢力が拮抗《きっこう》してくると、次はバランス・オブ・パワーが出てくるので、アメリカは、そうなる前の段階で止めようとしています。今、その許容ラインを超えようとしているわけです。

問題は、アメリカのバジェット（予算）なんですよ。アメリカの軍事予算は、

日本の十倍ぐらいあるでしょ？　そして、財政赤字を抱《かか》えているのは、アメリカも同じだからね。

ここで、もし、ノースコリア（北朝鮮）と中国とイランの三カ所で戦争が始まり、そのとき、まだアフガンが終わっていなくて、四カ所で戦うことになったら、アメリカは国家破産しますよ。国家破産しないように戦わなければいけないので、非常に苦しいですね。

だから、まあ、なんとか韓国《かんこく》を唆《そそのか》して、韓国の力で北朝鮮を片付けていただきたいと思っているんです。アメリカは、予算をほとんど使いたくないので、「韓国よ、頑張《がんば》って北朝鮮を呑《の》み込《こ》め！　日本も少しはプッシュしろ！」と言ってくると思いますね。

今の日本の政権では少し難しいかもしれませんが、おそらく、次の政権のときに、アメリカは、「自衛隊の縛《しば》りを解く圧力」を必ずかけてきます。

それは、アメリカのミリタリー・バジェット（軍事予算）が足りないところを、日本の自衛隊でカバーしようとするからです。アメリカと一緒《いっしょ》に動いてくれなければ、北朝鮮、中国、アフガン、イランと、四カ所で戦うのは無理です。

## イラクとアフガンからアメリカが引こうとしている本当の理由

今、イランが少し危ないのです。核《かく》兵器を開発しているイランが、イスラエルと戦い始めたら、核戦争になる可能性が極《きわ》めて高いのです。核戦争までやるとなったら、そう簡単には収まりがつかないし、イスラエルは小さな国なので、放置すると、地上から消える可能性が本当にあります。

まあ、中国みたいな国から見たら、一千万や二千万の人間が消えても構わないんだろうけども、われわれにとって、私もそうですが、イスラエルは精神的な母国なので、イスラエルが消えるということは、ユダヤ教もキリスト教も原点を失うことになるのです。

イスラエルは、やはり、防衛したいですね。そうすると、イランに関しては、核戦争の覚悟《かくご》をしなければいけないわけですね。

だから、中国とは、核戦争にまでならないところで止めたいだろうと思うんですね。

ただ、「台湾《たいわん》防衛戦ができるかどうか」というところは、非常に微妙《びみょう》です。アメリカの弱腰《よわごし》や弱体化、日本の優柔不断《ゆうじゅうふだん》を突《つ》いて、速攻《そっこう》で台湾を事実上取ってしまったら、中国の勝ちですからね。中国が台湾を一気に占領《せんりょう》し、事実上取ってしまったら、アメリカは、わざわざ太平洋を渡《わた》って、それを追い出すかどうか。それだけの国力が、今、アメリカにあるかどうか。それが、ちょっと心配でしょうね。

でもね、今、考えているんですよ、アメリカは。

イラクから撤退《てったい》したでしょ？　イラクから撤退し……、まあ、まだ残っているかもしれないけど、撤退しようとしている。イラク国内では、まだ抗争やテロが続いていますが、それでも、引こうとしていますね。そして、アフガンからも近年中に引こうとしていますね。

これは計算しているのです。イラクとアフガンから引いておかないと、次のノースコリアと台湾での戦争に備える力が足りないのです。

この二カ所から引いておく必要があるので、「イラクには、なんとか、自分たちで自分たちの国を護《まも》ってほしいし、アフガンの復興等は、日本の力でやってもらえないか」というのが、アメリカの希望だと思うんですね。

そして、ノースコリアとの戦いについては、日本も利害があるので、「日本の予算と自衛隊を使って、なんとか片付けられないか」と、アメリカは思っています。

## 日本の島を取ることを狙《ねら》っている中国の真意

「中国とは、最終戦争はできない」と判断していると思うんですけれども、中国は脅《おど》す国なので、台湾に侵攻《しんこう》するとか、日本の島を取るとかいうことが、ないとは言えないね。日本の島が一つ取られたら、日本人は震《ふる》え上がるでしょうね。

そのときに、「この国がタカ派になるかならないか」ということが、一つの試験として、出てきますね。タカ派になってきて、突如《とつじょ》、「核武装する」とか、「自衛隊を軍隊として解禁する」とかいう強硬《きょうこう》な世論《せろん》になってきたら、中国は無人島を取っても引くと思います。

ただ、今と同じような政治が続けば、中国は平気でしょうね。島を一つ取ってしまえば、日本人は、精神的に、もう魂《たましい》を奪《うば》われたのと、ほとんど同じ状態になるでしょうね。中国は、これを狙《ねら》ってます。どこか、日本の島を一つぐらい占領することを狙ってます。

あるいは、台湾攻撃《こうげき》をするための陽動作戦としても、まず日本に打撃を与《あた》える必要があるのです。日本の無人島を一つぐらい取ってしまったら、日本人は、もう動揺してしまい、「中国に攻《せ》められて、日本が取られるかもしれない」などと思い、もう、台湾のことはどうでもよくなる可能性があります。それで、日米の協調が崩《くず》れ、そこを突いて、台湾の繁栄《はんえい》を手に入れる。そのようなことが中国の狙いでしょうね。

## 今、日本に必要なのは、外国と〝喧嘩《けんか》〟のできる政治家

これからのディプロマシィ（外交）は、すごく賢《かしこ》くないと、私、駄目《だめ》だと思いますね。

日本の政治家は、もの足りないですね。ものすごく、もの足りないです。アメリカ人から見たら、もう、ほんとＩＱ百以下よ。人類の平均以下。思考能力ほとんどゼロね。チンパンジーより、ちょっとだけ上のレベルに見えているんですよ。

アメリカ人は、「ディシジョン（決定）ができない人は、頭が悪い」と考え

るんですよ。日本の政治家は、ディシジョンができないでしょ？

みんなで、何て言うの？　イド……、イド？　イドバタカイギ？（会場笑）井戸端《いどばた》会議をして、何も決まらないのが、日本だと思っているのでね。

本当は、今、必要なのは、東京都知事の石原慎太郎《しんたろう》タイプの人で、そういう人に、日本の首相をやってもらって、明確な方針を出してもらうことが大事です。リーダーシップが非常に必要なんですよ。

そういう人でなければ、韓国にも政治的に勝てない。韓国だって下手をすれば、あの、何だ？　タケシマ？

綾織　はい、竹島《たけしま》です。

キッシンジャー守護霊　独島《ドクト》？　竹島？　韓国は、北朝鮮と戦うかと思ったら、日本の島を取りに来るかもしれない。

中国だったら、そんなことを仕向けるでしょうね。韓国が、竹島問題で日本と紛糾《ふんきゅう》することは、中国の望むところでしょうね。中国版ＣＩＡがあったら必ずやります。私が中国人だったら、竹島問題に絶対に火を点《つ》けますね。

韓国と日本の仲を絶対に悪くします。私が中国人だったら、韓国にエージェントを送って、政治家のルートをつくります。そして、中国の意見を聴く政治家をうまいこと使えたら、韓国が、日本の島を強行奪取《だっしゅ》するように仕向けますね。そうしたら、もう、日韓の合同なんて、ありえなくなります。

さらに、アメリカとの関係もうまくいかなくなって、三カ国がバラバラになっていけば、中国にとっては、それが、いちばん、いい感じですね。

中国の視野は、今、もう台湾だけじゃないことは明らかで、東南アジア全域が完全に視野に入っています。

彼らは、「中国のようになることが、東南アジアの幸福になる」と思っています。

そして、内部での放送は国営放送一色なので、情報の九十パーセントは国に握《にぎ》られていると見て、ほぼ間違《まちが》いありません。その中国が、ものすごく発展し、ものすごい勢いでアメリカを追い払《はら》おうとしている今、「アメリカに〝占領〟されている日本を解放し、中国のような立派な国にしてあげよう」というような情報操作をやっているんですね。

日本の国民は、これを分かっているかどうか、非常に疑問ですけれども、やはり、日本は強くならないといけないですね。

石原慎太郎さんは、もう年を取ったから無理かもしれませんが、少なくとも、あの程度、〝喧嘩《けんか》〟のできる人が必要だと思いますね。「文句を言うんだったら、核兵器をつくるぞ」と言えるぐらいの首相が欲しいですね。

「何ならつくろうか。日本の科学技術はレベルが高いから、核兵器をつくったら、中国のものとは質が全然違うよ。今、日本のプルトニウム蓄積量《ちくせきりょう》はすごいので、核ミサイル五千発ぐらいつくれるよ。つくって、全部、中国に撃《う》ち込もうか」と言えば、中国はもう震え上がるよ。

「靖国《やすくに》参拝を反対するなら、五千発ぐらい核ミサイルをつくるよ」と言ったら、もう震え上がる。これは、ブラフ（はったり）だけで十分なんですが、そのぐらいのことを言ってみせる政治家がいないとね。

実際にやるかどうかは別として、やはり、その程度は言い返せないと、友人ではないよ。中国に悪いことをさせないようにするためには、そのくらいのことを言ってやらないとね。

## 中国がやろうとしているのは〝二百年遅《おく》れの帝国《ていこく》主義〟

彼らは、アジアからアフリカまで自由に取れるような気持ちを持っているが、そういう気持ちを持たせてはいけない。

要するに、中国は、〝二百年遅《おく》れの帝国《ていこく》主義〟をやろうとしていますので、これは時代遅れなんですよ。もう、彼らの頭には、清朝《しんちょう》？　清の時代のことしかありません。

今のコキ……、胡錦濤《こきんとう》？　胡錦濤主席はあれでしょ？　チンギス・ハンを目指しているんでしょ？　ということは、「アジアからアフリカまで取るつもりでいる」ということだと思うんですね。やはり、これは放置してはいけないと思いますね。

だから、日本の防衛省を変えなきゃいけないし、そのためには、今の日本の政権は基本的に駄目だと思うので、日本の国論をしっかり変えていかないと駄目だと思いますね。

でも、日本のマスコミも少し変わってきたようですね。あなたがたの言っていたことに、一年遅れでついてきているように思うので、これから信用が増してくるでしょう。

こういう、私の「予言」みたいなものも、しっかり本として出したらいいよ。読んだら、半分ぐらいの人は信じるから。本を出しているうちに、だんだん信じてくるようになるのでね。

ものを書くには、結論が大事なんですよ。「結論は何か」ということが、やはり、報道の姿勢に全部つながっていくので、結論が間違っていたら、全然違う方向に行きます。

誰《だれ》かも言ってたようですが、「中国で安くつくって日本で安売り合戦して快進撃し、デフレ経済を巻き起こしている企業《きぎょう》」がモデルのようになってるけど、あんな企業は、もうすぐ潰《つぶ》れますよ。中国は、人件費が高騰《こうとう》して、インフレが起きますから、ユニクロ型の企業はもたないですね。

だから、国内企業のほうを大きくしなければ駄目です。そういうふうにしていかないと、安い賃金の「世界の工場」としての中国に頼《たよ》った日本の繁栄というのは、先がないですよ。やるのなら、相手が成長してもいいようにして、対等の貿易をやらなければいけないですね。

まあ、だから、占領計画はよく出ています。あなたがたの本にも、「中国は、日本植民地化計画を持っている」とよく書いてありますが、現実にあります。中国は、現実に、その気でいます。

日本の首相が鳩山《はとやま》さんや菅《かん》さんなら、この国は取れます。だって、中国は核武装してるんですから。本当は危なかったんです。日米安保が切れていたら、日本は取れますよ。完璧《かんぺき》に取れます。普天間《ふてんま》問題で、日米が完全に断絶状態になったら、そして、日本の首相が鳩山さんや菅さんなら、中国は、日本という国を完全に取れます。中国は、「このまま行けば、十年以内に日本を取れる」という考えを持っていたと思いますよ。

あなたがた幸福実現党は、中国にとって、予想外の勢力と予想外のオピニオンの出現でしたね。議席を取っていないのが、本当に中国にとって幸いでしょうけれども、やはり、早く一定の勢力を持ったほうがいいですね。

## 外国に悪を犯《おか》させないように、隙《すき》をつくらないことが大事

私は、現実に、戦争をして殺し合うことが正しいとは思っていないし、世界の未来にとっても、いいとは思っていません。要するに、そういうことを起こさせないことが大事です。

人というのは、あまりに油断して隙《すき》を見せると、やはり悪いことをしますよ。駅のホームのベンチに財布《さいふ》を置いていて盗《と》られたら、「盗ったやつが悪い」という言い方もあるけど、盗られるほうも悪いでしょ？　だから、そういうふうな隙や弱みを見せるべきじゃありません。

若い女性が、夜中に、人気《ひとけ》のない道を歩いて犯罪に出合ったら、犯罪者も悪いけれども、無用心《ぶようじん》な女性も責められるべきですよね。夜中に人気がないなら、お金を惜《お》しまずにタクシーにでも乗って家まで帰らないと、危ないですよね。

その意味で、決して片方だけ責められるものではないということだね。

だから、日本は、まず、自分たちでできることをやらなきゃいけないね。自衛隊というものがすでにあるにもかかわらず、縛りが多すぎて使えないじゃない？　ちょうど、日本の大相撲《おおずもう》みたいに、土俵の外に出てはいけないみたいな感じになっていますよね。でも、世界の紛争には、そんな〝土俵〟などないんですよ。相手をノックダウンさせるまで戦うのが、世界のルールです。だから、自衛隊の縛りを解くことが大事ですね。

最後は、もちろん憲法の問題もありましょうが、最終的には、「核ミサイルの問題」もあると思いますよ。「持っていても使わない。使わなければいい」というのは、ほかの国も一緒ですからね。

でも、北朝鮮やパキスタン、それにイランが核ミサイルをつくり始めたら、そうは言っても、日本は危ないですよ。小国に脅《おど》される時代が来ることになるので、このへんは、一定の警戒《けいかい》が必要ですね。

まあ、そういう軍事力を持っていても、デモクラシーがきちんと働いておれば、公正な判断ができると信じたいですね。

ただ、「日本を一方的に攻撃するための言い訳を、相手につくらせるのは、間違いだ」ということは言っておきたいね。

綾織　本日は長時間にわたりまして、日本そして幸福実現党に対するアドバイスをいただき、本当にありがとうございます。

**全閣僚《ぜんかくりょう》が靖国《やすくに》神社に参拝しなかったのは、〝中国への降伏《こうふく》〟に当たる**

キッシンジャー守護霊　いや、私は、お昼は関係ないのよ（会場笑）。食事しないからね。あなたがたは食事があるからさ。時間が迫《せま》っているのは知ってるよ。でも、私、何も食べないのよ。霊だから、お昼は関係ないのよ。ごめんね。

でも、一言付け加えないと気が済まないから、言わせてね。いいかな？

この間《あいだ》の終戦記念日に、「与党《よとう》の首相以下、閣僚《かくりょう》がみんな靖国《やすくに》神社に参拝しなかった」らしいね。これは、〝中国への降伏《こうふく》〟に当たるよ。向こうは、そう捉《とら》えているよ。はっきり言って、全面降伏だよ。そこまでご機嫌《きげん》を取る必要はないよ。

閣僚全員が中国に気兼《きが》ねして、靖国に行かなかったわけだけど、「それなら、島ぐらい取っても文句は言わないだろう」と、向こうは思うよ。これは誘惑《ゆうわく》にかられるね。だから、今、沖縄《おきなわ》も取りたくなってきているね。「米軍基地さえ撤去させれば、沖縄も取れるかも」と思ってるね。

中国は、社民党に天下を取ってほしいだろうね。今、社民党は弱くて、あなたがたが狙うターゲットになってしまっているけども、社民党が天下を取ったりしたら、米軍は全部グアムに行くんでしょうから、そうなったら、沖縄を取れるよね。

まあ、さすがに、日本の民主党は、「危ない」というのが分かってきたようだね。その意味で、私の意見みたいなものを外に出し続けることが大事だね。有力議員などの頭に入っていけば、用心し始めるからね。

まあ、そんなところだ。

日本は、少し、何て言うかな、ボクシングをやると思ったほうがいい。打たれたら、打ち返すような〝国際ゲーム〟を知っていないといけないと思うね。靖国に閣僚全員が行かなかったのは、やはり失敗だと私は思うね。菅さんは、なんで軽井沢《かるいざわ》で休んでたんでしょうかね。ああいうのは、よくないですね。少なくとも、防衛大臣一人でも行くべきだったね。

あれで、中国になめられたね。本当に、島を一つ取れる可能性があるぐらいの弱腰に見えたね。

世界の大勢《たいせい》においては、自分の国を護るために戦った人の英霊を弔《とむら》うことを責める人なんか、いないんです。「からかってるだけなのに、ばかみたい」というのが、本当のところだね。

まあ、頑張って政権を取りなさいよ。ええ。

綾織　ありがとうございます。幸福実現党から、強い政治家、強い政権をつくり出していきたいと思います。本日は、本当にありがとうございました。

キッシンジャー守護霊　うーん。

（通訳に向かって）君、さみしかった？　いい？　いい？　なんか一言、二言でも言いたい？　ない？　ナッシング？　ああ、ごめん。私、日本語、こんなにうまくなるとは思わなかった（会場笑）。すごい超能力《ちょうのうりょく》ね。

ありがとう。

綾織　ありがとうございました。

## あとがき

副題の「激震《げきしん》！　中国の野望と民主党の最期《さいご》」は、かなり刺激的《しげきてき》なものであるが、誇張《こちょう》ではない。日本と、アジア、アフリカの危機は迫《せま》っている。私たちが警鐘《けいしょう》を鳴らし続けている真意をどうか、日本国民に、一日も早くわかってほしいのだ。

日本の一国平和主義が世界の平和を崩壊《ほうかい》させようとしているのだ。昨年、国民は間違った政治選択をした。この国を破滅へと駆《か》り立てる政党に国政《こくせい》を委《ゆだ》ねたのだ。民主党首脳陣《しゅのうじん》にコビを売ったマスコミ・トップは、今こそ頭を丸め、再出発を期《き》さねばなるまい。

二〇一〇年　八月二十四日

幸福実現党創立者兼党名誉総裁《こうふくじつげんとうそうりつしゃけんとうめいよそうさい》　大川隆法《おおかわりゅうほう》

『世界の潮流はこうなる』大川隆法著作関連書籍

『民主党亡国論』（幸福の科学出版刊）
『アダム・スミス霊言による「新・国富論」』（同右）
『国家社会主義とは何か』（同右）

# 世界《せかい》の潮流《ちょうりゅう》はこうなる

——激震！ 中国の野望と民主党の最期——

2010年9月7日　初版第1刷

著　者　大《おお》川《かわ》隆《りゅう》法《ほう》

発　行　幸福実現党
〒104-0061 東京都中央区銀座2丁目2番19号
TEL(03)3535-3777

発　売　幸福の科学出版株式会社
〒142-0041 東京都品川区戸越1丁目6番7号
TEL(03)6384-3777
http://www.irhpress.co.jp/

印刷・製本　株式会社 堀内印刷所

落丁・乱丁本はおとりかえいたします
©Ryuho Okawa 2010. Printed in Japan. 検印省略
ISBN978-4-86395-071-9 C0030
Photo: ©moonrun-Fotolia.com

# 幸福実現党
THE HAPPINESS REALIZATION PARTY

# 党員大募集！

## あなたも 幸福実現党 の党員になりませんか。

未来を創る「幸福実現党」を支え、ともに行動する仲間になろう！

### 党員になると

○幸福実現党の理念と綱領、政策に賛同する 18 歳以上の方なら、どなたでもなることができます。党費は、一人年間 5,000 円です。
○資格期間は、党費を入金された日から 1 年間です。
○党員には、幸福実現党の機関紙が送付されます。

申し込み書は、下記、幸福実現党公式ホームページでダウンロードできます。

幸福実現党 本部　〒104-0061 東京都中央区銀座 2-2-19　TEL03-3535-3777　FAX03-3535-3778

幸福実現党のメールマガジン “Happiness Letter” の登録ができます。

動画で見る幸福実現党── 幸福実現党チャンネルの紹介、党役員のブログの紹介も！

幸福実現党の最新情報や、政策が詳しくわかります！

幸福実現党公式ホームページ

**http://www.hr-party.jp/**

もしくは　幸福実現党　検索

## 大川隆法 ベストセラーズ・混迷を打ち破る「未来ビジョン」

# 幸福実現党宣言

### この国の未来をデザインする

政治と宗教の真なる関係、「日本国憲法」を改正すべき理由など、日本が世界を牽引するために必要な、国家運営のあるべき姿を指し示す。

1,600円

# 政治の理想について

### 幸福実現党宣言②

幸福実現党の立党理念、政治の最高の理想、三億人国家構想、交通革命への提言など、この国と世界の未来を語る。

1,800円

# 政治に勇気を

### 幸福実現党宣言③

霊査によって明かされる「金正日の野望」とは？ 気概のない政治家に活を入れる一書。孔明の霊言も収録。

1,600円

# 新・日本国憲法試案

### 幸福実現党宣言④

大統領制の導入、防衛軍の創設、公務員への能力制導入など、日本の未来を切り開く「新しい憲法」を提示する。

1,200円

# 夢のある国へ——幸福維新

### 幸福実現党宣言⑤

日本をもう一度、高度成長に導く政策、アジアに平和と繁栄をもたらす指針など、希望の未来への道筋を示す。

1,600円

幸福の科学出版

※表示価格は本体価格（税別）です。

## 大川隆法 最新刊・霊言シリーズ

# ザ・ネクスト・フロンティア

**公開霊言 ドラッカー＆アダム・スミス**

ドラッカーとアダム・スミスが、日本の自由を護るために再び降臨！ 経済素人の政権によって、この国を増税の底なし沼に沈めてはならない。

1,400円

# 未来産業のつくり方

**公開霊言 豊田佐吉・盛田昭夫**

夢の未来を、創りだせ——。日本経済発展を牽引したトヨタとソニーの創業者が、不況にあえぐ日本経済界を叱咤激励。

1,400円

# 救国の秘策

**公開霊言 高杉晋作・田中角栄**

明治維新前夜の戦略家・高杉晋作と、戦後日本の政治家・田中角栄。「天才」と呼ばれた二人が日本再浮上の政策・秘策を授ける。

1,400円

※表示価格は本体価格（税別）です。

## 大川隆法ベストセラーズ・霊言シリーズ

# ドラッカー霊言による「国家と経営」

**日本再浮上への提言**

「経営学の父」ドラッカーが、日本と世界の危機に対し、処方箋を示す。企業の使命から国家のマネジメントまで、縦横無尽に答える。

1,400円

# アダム・スミス霊言による「新・国富論」

**同時収録　鄧小平の霊言　改革開放の真実**

国家の経済的発展を導いた、英国の経済学者と中国の政治家。霊界における両者の境遇の明暗が、真の豊かさとは何かを克明に示す。

1,300円

# 未来創造の経済学

**公開霊言　ハイエク・ケインズ・シュンペーター**

現代経済学の巨人である三名の霊人が、それぞれの視点で未来経済のあり方を語る。日本、そして世界に繁栄を生み出す、智慧の宝庫。

1,300円

## 大川隆法ベストセラーズ・霊言シリーズ

# 保守の正義とは何か

**公開霊言　天御中主神・昭和天皇・東郷平八郎**

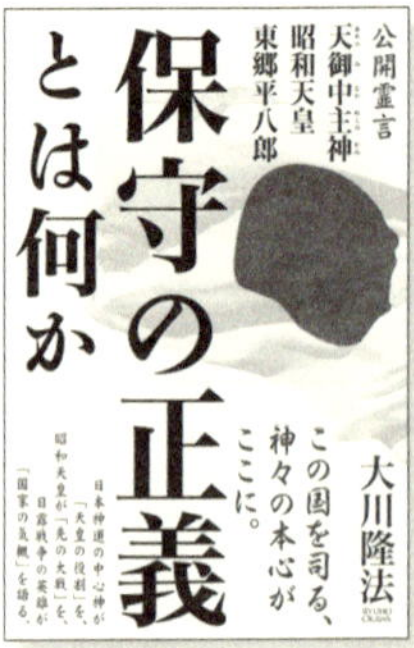


日本神道の中心神が「天皇の役割」を、昭和天皇が「先の大戦」を、日露戦争の英雄が「国家の気概」を語る。

1,200円

# 最大幸福社会の実現

**天照大神の緊急神示**

三千年の長きにわたり、日本を護り続けた天照大神が、国家存亡の危機を招く菅政権に退陣を迫る！日本国民必読の書。

1,000円

# 日本を救う陰陽師パワー

**公開霊言　安倍晴明《あべのせいめい》・賀茂光栄《かものみつよし》**

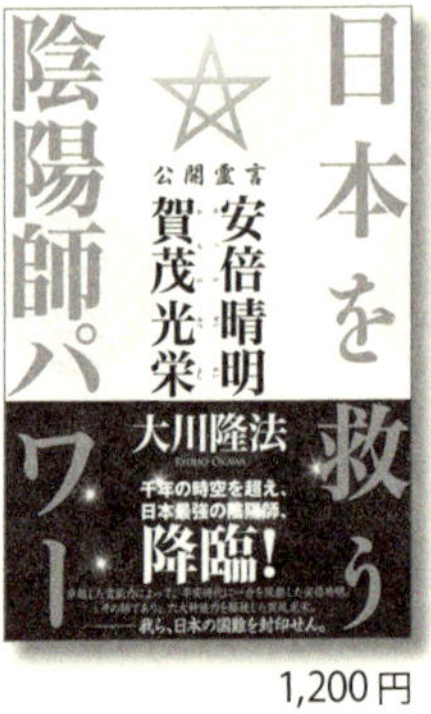


平安時代、この国を護った最強の陰陽師、安倍晴明と賀茂光栄が現代に降臨！あなたに奇蹟の力を呼び起こす。

1,200円

※表示価格は本体価格（税別）です。

## 大川隆法ベストセラーズ・霊言シリーズ

# 菅直人の原点を探る

**公開霊言 市川房枝・高杉晋作**

菅首相の尊敬する政治家、市川房枝と高杉晋作を招霊し、現政権の本質を判定する。「国難パート2」の正体が明らかにされる。

1,200円

# 国家社会主義とは何か

**公開霊言 ヒトラー・菅直人守護霊・胡錦濤守護霊・仙谷由人守護霊**

民主党政権は、日米同盟を破棄し、日中同盟を目指す!? 菅直人首相と仙谷由人官房長官がひた隠す本音とは。

1,500円

# 民主党亡国論

**金丸信・大久保利通・チャーチルの霊言**

三人の大物政治家の霊が、現・与党を厳しく批判する。危機意識の不足する、マスコミや国民に目覚めを与える一書。

1,200円

## 大川隆法ベストセラーズ・新しい国づくりのために

# 未来への国家戦略

### この国に自由と繁栄を

国家経営を知らない市民運動家・菅直人氏の限界を鋭く指摘する。民主党政権による国家社会主義化を押しとどめ、自由からの繁栄の道を切り拓く。

1,400円

# 大川隆法 政治提言集

### 日本を自由の大国へ

現在の国難とその対処法は、すでに説いている――。2008年以降の政治提言を分かりやすくまとめた書。社会主義化する日本を救う幸福実現党・政策の真髄が、ここに。

1,000円

# 危機に立つ日本

### 国難打破から未来創造へ

2009年の「政権交代」が及ぼす国難の正体と、民主党政権の根本にある思想的な誤りを克明に描き出す。未来のための警鐘を鳴らし、希望への道筋を掲げた一書。

1,400円

幸福の科学出版

※表示価格は本体価格(税別)です。